装备采购市场契约机制研究

邹小军◎著

RESEARCH ON THE CONTRACTUAL MECHANISM IN EQUIPMENT MARKET

图书在版编目（CIP）数据

装备采购市场契约机制研究 / 邹小军著. —北京：经济管理出版社，2022.11
ISBN 978-7-5096-8826-7

Ⅰ.①装… Ⅱ.①邹… Ⅲ.①武器装备—采购管理—研究—中国 Ⅳ.①E243

中国版本图书馆 CIP 数据核字（2022）第 229750 号

组稿编辑：王光艳
责任编辑：王光艳
责任印制：黄章平
责任校对：徐业霞

出版发行：经济管理出版社
（北京市海淀区北蜂窝 8 号中雅大厦 A 座 11 层　100038）
网　址：www. E-mp. com. cn
电　话：（010）51915602
印　刷：北京市海淀区唐家岭福利印刷厂
经　销：新华书店
开　本：720mm×1000mm /16
印　张：12. 75
字　数：160 千字
版　次：2023 年 5 月第 1 版　2023 年 5 月第 1 次印刷
书　号：ISBN 978-7-5096-8826-7
定　价：68. 00 元

前 言

Preface

装备采购市场发展水平是国防科技工业能力的重要体现，是影响军队装备现代化水平和战斗力提升的重要因素。2022 年 10 月 16 日，习近平总书记在党的二十大报告中强调，要“优化国防科技工业体系和布局，加强国防科技工业能力建设”。加强国防科技工业能力建设要注重装备采购市场治理。从世界范围看，各国装备采购市场治理都不同程度面临“涨(价格)、拖(进度)、降(质量)”的困境。本书立足这一现实困境，从理论上探讨基于关系契约的装备采购市场双方治理的契约机制。笔者从分析装备交易的特殊属性出发，借鉴威廉姆森的交易成本理论和交易治理模型，构建了装备采购市场治理的关系契约框架。在此框架下，结合装备采购市场面临的“涨(价格)、拖(进度)、降(质量)”困境，分别构建优化装备采购市场治理的价格契约机制、进度契约机制和质量契约机制的理论模型。为了增强装备采购市场契约治理框架的现实解释力，本书引入了信任机制的分析，并运用嵌入性分析对装备采购市场治理契约框架进行扩展。最后，从制度设计角度提出了完善装备采购市场契约机制的对策思考。

本书对装备采购市场的契约治理机制进行了一些理论上的探索，对缓解装备采购所面临的“涨(价格)、拖(进度)、降(质量)”的困境有所裨益。但是，由于笔者工作经历和能力所限，本书的探讨主要还是停留在理论层面，缺少一些典型案例支撑。这是后续研究需要重点解决的问题。

目 录

Contents

第一章

绪　论

第一节　问题的提出

一、选题依据

（一）现实背景

装备在国防现代化建设中越来越重要。2021 年 10 月，习近平主席对全军装备工作会议作出重要指示，要求加紧构建武器装备现代化管理体系，全面开创武器装备建设新局面。无论是政府相关部门、企业，还是学术研究机构，都十分重视装备发展的理论与实践问题，尤其是装备采购的理论与实践创新。公平公正、廉洁高效、分工制衡、激励监督等先进理念逐步贯彻到装备采购市场治理的具体实践中，一系列涉及装备采购市场治理的政策法规密集出台，我国装备采购市场进入跨越式发展的新阶段。

从世界装备采购实践看，各国装备采购市场治理都不同程度面临“涨(价格)、拖(进度)、降(质量)”的现实困境。无论是市场经济体制完善的发达国家，还是转型的发展中国家，装备采购市场，都不得不面对“涨(价格)、拖(进度)、降(质量)”的困境。我国装备采购市场治理也面临着同样的困境。因此，如何缓解“涨(价格)、拖(进度)、降(质量)”困境，是世界各国装备采购工作者和研究者共同面临的一道难题。

本书从交易治理的视角出发，结合装备采购交易特性缔结关系契约，构建装备采购市场治理的关系契约框架，寻求“涨(价格)、拖(进度)、降(质量)”困境的解决之道，具有很强的现实针对性。

（二）理论背景

契约是市场交易治理的基本工具，也是推动市场发展的重要手段。从经济学视角来看，任何交易都需要以某种形式的契约来规范、激励和治理，不管这种契约是显式的、还是隐式的，是他执行的、还是自执行的，是短期的、还是长期的（博尔顿和德瓦特里庞，2008）。新制度经济学和新经济社会学的发展为装备采购市场契约治理提供了理论工具。新制度经济学中的契约理论，尤其是关系契约理论为装备采购交易过程的治理提供了有用的分析框架。关系契约的概念来自美国法学家麦克尼尔（Ian R. Macneil）。他从社会学的视角，对现代契约进行解释，强调从交易主体所处的社会关系来理解交易关系。他认为任何交易所包含的社会关系是深刻理解这个交易过程的必要因素。关系契约与正式契约相比，它更强调灵活的事后协调机制。在关系契约框架下，缔约双方过去的交易历史、现在与未来的期望收益都成为影响契约履行的重要因素。一方面，对于能够以明晰契约条款加以明确的标的，它并不排斥用正式契约加以明确，并且以此作为后续关系契约的基本参考系；另一方面，它又将基于未来合作收益的重复交易理念纳入现时的缔约考虑之中。因此，可以把关系契约理解为以正式契约为基础，并强调事后灵活协调而不试图将缔约期内所有或然事件都进行详细规划的长期契约关系。这种比正式契约更为灵活的契约框架对装备采购市场中的特殊交易过程具有很强的适用性。

装备采购交易的特殊性主要体现为缔约后可能出现的“根本性转变”（fundamental transfer）。即由于装备生产涉及大量的专用性投资和不确定性，即使装备采购在事前可以通过招标机制实现一定程度的竞争，但是一旦完成缔约，装备采购可能转变成为一种双方垄断的交易形式。由于这种根本性转变的存在，装备采购不仅要关注事前的治理，更要关注事后的治理。因此，装备采购需要一种特殊的契约框架来激励和治理。关系契约理论恰好能够弥补正式契约缺乏灵活性的不足。同时，新经济社会学中的嵌入性理论又为我们理解装备采购市场契约治理中存在的各种经济社会关系提供了很好的分析工具。

二、研究视角与研究目标

（一）研究视角

本书运用经济学、新经济社会学以及管理学等理论，构建与装备交易属性相匹配的契约治理框架，以期对缓解装备采购实践中所面临的“价格上涨、进度拖延、性能下降”困境有所贡献。从理论上构建基于关系契约和嵌入性分析的装备采购市场治理框架，为装备采购市场建设提供具有现实针对性和可操作性对策和建议。为了使论述更集中、更具有针对性，突出交易治理的理念，本书将装备采购过程抽象为只有供需双方为交易主体，以大型装备系统为交易对象的市场过程。这里所指的装备主要是指涉及大量专用性投资、具有很大不确定性的大型装备系统。

（二）研究目标

针对装备采购市场治理所面临的“涨（价格）、拖（进度）、降（质量）”困境，本书尝试对以下问题作出探索性的回答：首先，装备采购作为一种特殊的交易过程，具有哪些独特的交易属性？

其次，与装备采购交易属性相匹配的契约框架是什么？再次，在装备采购市场中，关系契约的双方治理框架应该如何实现？最后，如何从嵌入性结构视角来对装备采购市场的双方治理框架进行拓展，使其更贴近现实、更具解释力？这些问题既是本书的研究目标，也是本书行文的基本逻辑。总之，本书期望从装备采购特殊的交易属性出发，探索促进装备采购市场有效治理的契约机制。

三、研究意义

本书以新制度经济学的交易成本理论、关系契约理论，新经济社会学的嵌入性理论以及管理学的相关理论为基本理论依据，探索装备采购交易治理的契约机制问题，有利于拓展这些理论的研究视野，同时也有利于更好地促进装备采购市场发展。

（一）理论意义

本书系统分析装备采购交易治理过程中经济性因素和社会性因素协调运作的原理，从理论上为装备采购市场有效治理提供契约框架。从现有文献来看，学界对装备采购问题的研究，将关注重心更多地放在了对装备采购事前竞争机制的构建和装备采购完全契约的缔结上，而对装备采购契约的不完全性和缔约后的契约治理关注还不够。本书不仅关注装备采购市场的事前竞争机制问题，更关注装备采购市场的事后协调和治理问题。本书将关注的重心放在装备采购市场契约签订后的双方治理框架上，更加突出对关系契约机制的研究，并提出一个整合的分析框架来将装备采购市场交易过程中的声誉机制、信任机制等经济性因素与社会性因素进行融合，从而揭示装备采购市场交易过程及对有关市场主体行为治理的基本原理。本书构建的装备采购市场双方治理的理论框架，可以为许多中间交易形态的治理提供一定的参考。

交易成本经济学的逻辑只关注机会主义行为假设而忽视人具有

内生可信任的特征。对此，本书借用Noorderhaven（2002）等人提出的“人性内核分裂模型”，发展了威廉姆森（Oliver E. Williamson）的“契约人”假设，引入嵌入性概念提出“社会人”假设，在交易成本分析框架中引入嵌入性分析，构建装备采购市场治理的理论框架，拓展交易治理的分析框架，增强了理论分析的针对性。

（二）实践意义

本书对装备采购市场中的需求方和承包商之间关系契约的缔结以及声誉机制、信任机制等非正式机制的培育与作用进行全面分析，以此对我国装备采购的具体实践提供一定的理论指导。

信任与声誉机制等非正式机制在装备交易过程中发挥重要作用，与新经济社会学的嵌入性理念融合，可以大大丰富装备采购决策与管理人员手中的决策工具，在装备采购市场治理中注入社会过程的人性化管理，从科层管理和正式契约的模式外另辟蹊径，以提高装备采购的质量和效率。

第二节　理论与研究综述

一、关于交易的研究

古希腊哲学家亚里士多德对人类的交易行为有深刻的洞察。他在《政治学》（*The Politics of Aristotle*）中提出“交换原则适用于所有物质”，并分析了人类交换从满足天生需求的以物易物到成为“致富之道”的“贩卖”的演进过程。他认为，“贩卖”是一种获取财富的手段，通过交换获得、积累财富（亚里士多德，2016）。亚里士多德的交易概念从今天来看，可能已经过时，但是他把交易的本质概括为“获取财富的技术”，对推进交易的研究有很大贡献。

“交易”的概念在经济学领域一直存在，但在康芒斯（Commons）把交易作为基本分析单位和科斯提出交易费用概念之前，对交易理论进行的系统研究并不多，其应用范围也比较狭窄，对交易的研究更多地集中于国际贸易领域（张鸿，2006）。

古典经济学家认为，交易是双方受到作为“看不见的手”的价格机制指引，在市场上通过完全自由竞争完成的。新古典经济学则认为，在完全竞争市场，交易双方关于交易的信息是完全的。无论是古典经济学家还是新古典经济学家，他们都认为交易的完成不需要任何成本。埃奇沃斯（Edgeworth）建立了“埃奇沃斯方盒”的分析工具，对交易问题进行了深入研究。他对交易问题研究的贡献，不仅是用“埃奇沃斯方盒”分析工具建立了交易的契约曲线和无差异曲线，更重要的是首次提出商品的不确定性导致了交易不确定性的思想（科斯、哈特、斯蒂格利茨等，1999）。

在新古典经济学阶段，交易的研究已经深入到以产权为对象，用交易来刻画权利的让渡与获取。康芒斯（Commons，2013）认为“交易”是将法学、经济学和伦理学联结起来的基本活动单位，它包含着“冲突、依存和秩序”三大原则，是经济研究的基本单位。他将交易（transaction）定义为“个人之间对具体东西未来所有权的权利转让与获得”。他将交易分为买卖交易（bargaining transaction）、管理交易（managerial transaction）和配额交易（rationing transaction）三种类型。这三种交易构成了人类社会的基本经济活动，而人类社会存在的各种制度也是这三种交易类型不同程度的组合。卡尔·波兰尼（Karl Polanyi，1957）对人类交易行为也有深刻的论述。他根据交易的特征把人类社会的经济体制分为“互惠”（reciprocity）、“再分配”（redistribution）和“市场交换”（market exchange）三类。

威廉姆森（2008）秉承康芒斯交易是制度的基本分析单位的理念，并把这一理念进一步发扬光大，在科斯（Coase）的交易费用（transaction cost）概念基础上形成了一门独立的流派——交易成本经济学。在这一理念的指引下，威廉姆森提出了“资产专用性”（asset specificity）和“治理结构”（governance structure）的概念，大大深化和拓展了交易研究的深度和广度。他把资产专用性作为交易成本产生的一个重要原因，通过交易成本的概念来分析各种契约，并从不同的契约中引申出不同的治理结构，以此分析各类经济组织和制度。他认为经济组织的核心问题在于降低成本。在交易过程中，各种契约关系主要是通过私人秩序所引致的各种经济制度或组织来治理，并不是假定人们遇到纠纷就习惯求助于法庭，因为法庭本身也难以不花费成本地解决纠纷。因此，尽管事前激励组合的重要性已被人们所认同，但人们关心的还是契约对事后各种制度的规定（威廉姆森，2004）。他从资产专用性、交易频率、不确定性三个维度对交易的属性进行了界定，并提出了交易属性与治理结构相匹配的思想。威廉姆森从交易属性出发寻求交易治理之道的思想也是本书探索装备采购市场契约机制的基本逻辑。

二、交易治理的框架：契约理论研究的新进展

（一）契约的起源

契约，也称合约、合同，常用的英文单词是 contract。[①] 契约

① “契约”“合约”“合同”这三个词在平常的使用中并没有严格的区分，但还是存在一些微小的差别。在《新华字典》中，“合同”是指双方（或数方）当事人依法订立的有关权利义务的协议。“契约”“合约”在一般意义上说，比“合同”所包含的意义更广泛一些。因此，经济学通常将合同正式地称为“契约”。在本书的分析中不对“契约”“合约”作区分。

的起源，是我们认识和研究契约的起点。关于契约的起源，目前难以有一个统一的说法。“契约有着比人们看到的更深远的历史的和史前的发展过程”（麦克尼尔，2002）。早在 700 万年前，当人类从黑猩猩种群中分化出来，开始构木为巢、钻木取火时，就生活在契约的世界里了（聂辉华，2009）。关于契约的起源，法学家麦克尼尔为我们提供了很好的理解逻辑。他强调要从社会源头来认识和理解契约，社会自始至终都是契约的源头。这是现代契约研究之中往往容易被遗忘的事实，无论是法律学，还是经济学。因此，我们要善于从身处的社会现实中去理解契约、运用契约、履行契约。人类社会是契约的根源和基础。没有社会，契约过去不会出现，将来也不会出现。把契约同特定的社会分割开来，就无法理解它的功能。契约的前两个初始根源是劳动的专业化分工和交换。我们在考察契约的性质时，必须紧紧抓住社会中劳动的专业化分工和与之相伴随的必然的交换这两个根源。契约的第三个初始根源是一种选择性。这是在一系列行为中进行自由挑选的概念。有了专业化分工和交换，就有了一定的选择性。虽然此时并不一定能够出现契约，但是契约的雏形已经开始形成。麦克尼尔认为契约真正成熟于自觉的未来意识产生以后，这是契约产生的第四个初始根源。他指出，植根并且交互作用于社会之中的劳动的专业化分工和交换、选择性和未来意识使契约成为可能（麦克尼尔，2002）。麦克尼尔从社会专业分工和交换、选择性和未来意识四个方面来考察契约的初始根源，具有很强的说服性。沿着这条思路，我们不仅能够对契约的产生和发展有一个清晰的认识，而且能够对契约的本质有深刻的领悟。

（二）契约的演进

契约深深植根于人类社会，并随着交易形态的发展而不断演进。我们以人类社会的交易发展史为线索，考察契约的演进过程。这个过程大致可以划分为交换的出现与契约的产生、人格化交易与非正式契约、非人格化交易与正式契约三个主要阶段（陈国富，2002）。

交换的出现与契约的产生。契约是伴随着交换的出现而产生的。在史前社会，过着氏族部落生活的人类，虽然主要从事的是狩猎和采集活动，但是经济学的思想或意识已经开始萌芽。这种原始部落经济主要是依靠互惠原则和再分配来组织的。这种互惠式交换就是人类最早出现的交易方式和契约安排。英国法律史学专家亨利·梅因（Henry Maine）指出："在原始社会组织中，必须首先了解的一点是，个人并不为自己设定任何权利，也不为自己设定任何义务。他所遵守的规则，首先来自于他出生的场所，其次来自于他作为其中成员的户主所给他的强行命令……同一家族的成员之间是完全不能互相缔结契约的，对于其所从属成员中的任何一人企图拘束家庭而做出的合意，家族有权置之不理。"（陈国富，2002）从梅因的论述中可以看出，契约在最初出现时，履约的习性并没有完全形成。缔结契约有许多繁文缛节，而且常常还伴随着一些庄严的仪式。这种仪式便是维护契约关系和督促履约的关键因素。随着法律逐渐为个人间的契约提供保护，契约便逐渐与其形式和仪式的外壳脱离。

人类进入定居农业时代，部门内部的专业化分工开始细化，劳动生产力开始提高，出现了剩余产品。剩余产品的出现和累积，为交换的出现奠定了物质基础。当手工业进一步从农业中分离出来成为独立的生产部门的时候，个人取代了部落成为交易的主体。同时，建立在传统习俗、宗教、禁忌等基础上的契约也被个人合意上的契约所取代。

人格化交易与非正式契约。人格化交易是建立在个人之间相互了解、相互熟知基础上的交换。虽然随着公共产权的解体，私有产权和国有产权同步建立，但是，在这个阶段还没有形成一个权威的政府来保证契约的有效履行。这一阶段的交换是私人之间的小范围低风险的简单交易。这类交易通过选择彼此熟悉的交易对象，通常情况下买和卖同时完成，以降低交易风险。由于没有政府的存在，也就没有能够监督和确保契约履行的权威第三方，因此这种交易主要依靠缔约双方当事人的自律和相互监督来维持。这种交易呈现频率高、额度小、持续周期短等特征。这些交易基本都是通过面对面交付来实现。在这类交易过程中，利益争端往往不是依靠竞争和司法途径来解决，而是依赖于私人间惩罚的私人秩序。与这种人格化交易所对应的契约是非正式契约。人格化交易对机会主义的防范有一定的积极作用。这种交易一般都发生在熟人社会的小范围内，因此，交易呈现重复性和长期性的特征。契约伦理成为保障交易顺利实现的主要规范，即伦理道德、传统习俗等社会性因素是非正式契约得以履行的重要保障。

非人格化交易与正式契约。随着人类社会的发展进步，社会结构和人类组织形式发生重大变化。这些进步促使交易范围扩大和交易方式拓展，交易开始由人格化交易向非人格化交易转变。随着交易性质的转变，契约安排也逐步由非正式契约向正式契约过渡。在非人格化交易模式下，交易开始不断在陌生人之间发生。能够保障契约有效履行，促进交易顺利完成的第三方权威机构就成为契约安排的重要环节。交易性质的转变使交易关系变得越来越复杂。契约的缔结和履行进入一个新阶段。在这个阶段，契约的履行开始由以自我履行为主向以强制手段为保障的现代契约履行机制转变，现代契约应运而生。

随着正式契约的产生，人类经济社会发展进入了一个新的历史阶段。正式契约的产生并不是契约演进的终点，而是一个新的起点。契约总会随着人类社会交易的发展以及人类社会的进步不断向前发展。

（三）契约的定义

对契约或者合同下一个精确的定义并不容易。正如麦克尼尔

（2002）所说，在“哈德利诉巴克森德尔”一案中契约的含义与《上帝之城》中契约的含义不同；在杜尔克姆的著作和《法律重述》（第二版）中各有所指；一个律师和一个经济学家的理解也有区别。《法国民法典》第1101条将契约理解为一系列合意。美国《第二次契约法重述》将契约定义为“是一个或一组承诺，法律对于契约的不履行给予救济或者在一定的意义上承认契约的履行义务”。这种将契约解释为合意的定义强调了契约的自由性、公正性、可执行性和强制性（科斯、哈特和斯蒂格利茨等，1999）。因为这种合意的实现离不开缔约的自由和平等的保障，同时这个定义也明确了契约的强制性特征。《中华人民共和国民法典》将合同定义为“民事主体之间设立、变更终止民事法律关系的协议。”这些定义都是从法律的视角来阐释的。从经济学视角来看，契约或者合同的内涵要宽泛得多。在经济学家视野中，契约或者合同不仅仅是指那种正式的具有法律效力的协议或者合意，还包括一些对交易具有治理功能的非正式的协议或者制度。因此，在经济学视角下，任何一种交易无论是长期的、短期的、显式的还是隐式的，都可以看作一种契约关系，而且可以把这些基本交易关系作为经济分析的基本要素。在这里，借用麦克尼尔（2002）对契约的定义是比较合适的。“所谓契约，不过是有关规划将来交换过程的当事人之间的各种关系。”这是一个比较宽泛的定义，囊括了经济学、法学、社会学的视角，这个界定也阐明了契约的本质，即契约并不是关注交换本身，而真正关注的是参与缔约的各主体之间的各种关系。这个定义与本书的分析框架比较契合。

（四）经济学视野下的契约理论

通过契约的定义，我们认识到契约内涵的宽泛性。高懿德（2002）认为，契约至少有以下六个方面的维度：一是经济契约观念；二是政治哲学意义上的契约观念；三是作为法律起源的契约观念；四是作为伦理道德起源的契约观念；五是作为神学观念起源的契约观念；六是作为社会哲学意义上或人类学一般意义的契约观念。契约进入经济学家的视野，已有很长的历史。随着经济学家对契约的认识和分析的深入，契约理论成了经济学研究领域的一个重要分支。从经济学领域来看，契约理论大致经历了古典契约理论、新古典契约理论和现代契约理论三个阶段。

古典契约理论并不是系统的契约理论，它是古典经济学思想在商品交易中的体现。古典契约具有缔约的自主性、独立性和即时性等特征。同时古典契约理论也体现出忽视了经济的外部性问题、没有关注垄断问题、古典契约理论所提出的缔约自由与平等仅仅是一种理想的状态以及它们所强调契约的独立性偏离了社会现实等局限性。

19 世纪 70 年代，经济学理论出现边际革命，建立了边际分析框架，标志着新古典经济学的诞生。到 20 世纪初，马歇尔《经济学原理》的问世，基本确立了新古典经济学的主流经济学地位。新古典经济学的基本思想强调在一定的约束条件下追求经济主体的利益最大化。它坚持经济主体的最优化原则，即企业与个人在一系列既定的约束条件下，最大化各自的利益目标。那么在成千上万的各种市场中，就存在着无数不同类型的交易行为。在新古典经济学分析框架下，新古典契约剔除了古典契约中的道德伦理因素，成为一种市场秩序，协调着人类经济社会生活的运行。契约是在一定的市场秩序下交易双方反复探讨、协调、摸索的结果。新古典契约理论强调了契约的完全性和不确定性。新古典契约理论对交易过程中不确定性的分析，为现代契约理论的发展提供了新思路。

现代契约理论一般被认为创立于 20 世纪 70 年代。它是在新古典契约理论基础上发展起来的最新理论。现代契约理论的发展包括两个重要的阶段：信息不对称下的委托代理理论阶段和不完全契约理论阶段。

三、契约的选择与治理机制

契约是交易治理的基本工具，契约的形式决定交易的治理结构。现代契约理论学者们围绕不同的理论视角、不同的交易特征探讨了不同的治理结构问题。

（一）交易成本理论下的契约选择与交易治理

交易成本是新制度经济学的一个核心概念。科斯（Coase，1937）在《企业的性质》（*The Nature of the Firm*）中首先阐释了交易成本的概念，并用这个概念成功构建了交易成本分析的基本框架。自科斯提出交易成本概念以后，越来越多的经济学家将交易成本纳入经济学分析的框架中。其中最成功的一位无疑是 2009 年诺贝尔经济学奖获得者威廉姆森。他的新制度经济学三部曲：《资本主义经济制度：论企业签约与市场签约》（*The Economic Institutions of Capitalism*：*Firms*，*Markets*，*Relational Contracting*）、《市场与层级制》（*Markets and Hierarchies*）和《治理机制》（*The Mechanisms of Governance*）是反映其交易成本经济学核心思想的代表作。威廉姆森（1985）在继承旧制度经济学家康芒斯将交易作为基本分析单位传统的基础上，将交易的属性作为分析的逻辑起点。契约是交易治理的基本工具，交易成本就是契约运行的成本。具体地说，契约运行的交易成本包括事前的缔约成本和事后的履约成本。

威廉姆森从资产专用性、不确定性和交易频率三个维度来解读交易的属性。他认为资产专用性是最重要的性质，对于交易成本经济学来说，怎么强调都不为过。他将资产专用性、不确定性和交易频率三个因素的不同组合构成交易属性与契约选择的匹配关系表（见表 1-1）。

表 1-1　交易属性与契约选择的匹配关系表

<table>
<tr><th>资产性质
交易频率</th><th>通用</th><th>混合</th><th>专用</th></tr>
<tr><td>偶然</td><td rowspan="2">市场治理
（古典契约）</td><td colspan="2">三方治理
（新古典契约）</td></tr>
<tr><td>经常</td><td>双方治理
（关系契约）</td><td>一体化治理
（企业）</td></tr>
</table>

资料来源：Williamson O E. The Economic Institutions of Capitalism：Firms，Markets，Relational Contracting［M］. New York：The Free Press，1985：78.

通用性资产由于不涉及专用性投资，不存在套牢效应的问题，所以无论交易频率如何，都可以采取市场治理结构。在这种治理结构下，古典契约关系成为基本治理工具，这种交易主要通过价格机制实现。在混合型资产配置情况下，就需要根据交易发生的频率来选择合适的治理结构。

当交易频率不高时，实行三方治理，此时新古典契约成为此类交易治理的基本工具。因为交易频率低，交易双方专门构建基于保护专用性投资的治理模式显得不经济，因而希望寻求一种新的治理框架。此时，采取三方治理是合理的。三方治理框架是新古典契约法观念的应用。结合新古典契约特点，在三方治理框架下，交易一旦出现争议，双方首先谋求在协约关系内部解决，同时，法律成为建立协约关系的外部框架，如果内部无法解决，那么最后就只有诉诸法院，寻求第三方的治理。

当交易频率高时，关系契约就成为合理的治理结构。此时，关系契约是专用性强的高频交易治理的基本工具。关系契约治理结构是指由涉及专用性投资较高且交易频率较高的交易伙伴双方共同根据交易要求组成针对他们特殊交易形式的灵活治理框架。这种框架既保持交易双方的独立市场主体地位，同时又希望构建一些能够促进长期合作关系形成的灵活机制。本书所研究的装备采购过程比较符合这个交易特征，这也是本书研究的立论基础。

高度专用性资产且交易频率很高的交易需要科层治理。实际上，科层治理的本质是内部实行等级控制的企业组织。由于资产专用性强，寻求和建立新的交易关系的成本也很高，这个交易过程变得比较脆弱。这种形式的交易不但需要专门的治理结构，而且对交易关系和治理结构的稳定性要求也很高，设置专门机构来对交易进行组织和管理的费用容易得到补偿。理所当然，作为科层组织的企业就成为首选。这种情况下，由于受很强的资产专用性和机会主义行为动机的影响，交易双方所产生的契约关系发生摩擦的可能性很大，双方所承受的风险也就很大，通过一体化使市场交易完全内部化就显得很合算。

威廉姆森的交易属性与治理结构相匹配的理论涵盖了人类生活中的大部分交易活动及其治理，是本书的基本指导思想。但是这个思想存在新经济社会学家格兰诺维特提出的“社会化不足”的缺陷，没有充分考虑一些非经济性因素对治理结构的影响。非经济性因素主要包括社会文化、政治、规章、专业化、网络和企业文化等内容。在后续的研究中，威廉姆森也逐渐意识到这个问题，承认制度环境会影响交易特性，从而对治理选择产生了一定的影响。因此，需要进一步拓展交易治理的视角。这是接下来讨论的问题。

（二）交易治理的其他视角

除了威廉姆森从交易属性的视角探讨交易治理结构的问题外，很多学者也从其他视角探索了交易的治理问题。比如，张五常（2000）从风险分担与契约安排的角度分析了交易治理的问题。在其《佃农理论：应用于亚洲的农业和台湾的土地改革》一书中，他认为契约安排是为了在交易成本的约束下，使从风险的分散中所获得的收益最大化。张五常（2004）通过对我国1925—1940年有关定额租约和分成契约规定相关资料的分析，从实证的角度证明了契约的选择是由风险分散所带来的收益与不同契约的交易成本加权所决定的。

Mahoney（1992）则认为，威廉姆森的交易成本分析方法忽略了契约治理过程中的委托代理问题，交易成本分析框架并没有解决契约治理结构内部的代理成本问题。他认为在研究交易治理的契约安排时，交易成本和代理成本都是必须考虑的关键因素，最优契约安排的目标应该是追求交易成本和代理成本所构成的综合治理成本的最小化。他提出应该将交易成本理论和委托代理论统一考虑进来构建一个综合的交易治理框架，以便既能克服交易成本理论对代理成本的忽视，又能克服委托代理理论对交易成本的忽视，从而实现最有效的治理。所以，他综合运用交易成本分析和委托代理理论分析框架，提出了如表 1-2 所示的综合治理框架。在这个框架下，他发展了威廉姆森以资产专用性、不确定性和交易频率三个维度来刻画交易属性的思想，选取资产专用性、作业程序化与结果考核性这三个变量，根据这三个变量的不同组合，提出从现货市场交易到长期合约等多种治理结构形式的选择。

表 1-2 资产专用性、作业程序化、结果考核性

难易程度	作业低程序化		作业高程序化	
	专用性低	专用性高	专用性低	专用性高
难以考核	即期市场交易	长期契约	即期交易	部分一体化
容易考核	关系契约	完全一体化	内部契约	完全一体化

资料来源：Mahoney J T. The Choice of Organizational Form: Vertical Financial Ownership versus Other Methods of Vertical Integration [J]. Strategic Management Journal, 1992, 13 (8): 559-584.

四、交易治理的拓展：信任与嵌入性研究综述

（一）关于组织间信任的研究

信任是社会科学领域的重要概念，越来越多的学科关注和研究信任问题。心理学、社会学、经济学、组织管理等领域都对信任问题给予了极大的关注。心理学领域较早关注信任问题。Deutsch（1958）把信任理解为基于某件事发生的预期而采取的行动。在心理学看来，信任是个体在一定的社会环境对特定对象或事物产生的心理反应。与心理学更多关注个体心理反应不同，社会学更多的是从宏观层面理解信任。社会学对信任的研究，注重行为主体在社会交往中的行为及相互影响。对于交易行为来说，信任是多层次的，既有人际间的信任，也有组织间的信任。组织间的信任是维持长期合作关系的基础。Coote、Forrest 和 Tam（2003）把组织间的信任定义为："信任存在于一方对另一方诚实、可靠性和行动的正直抱有信心。"Ganesan（1994）则从市场交换和社会交换的视角将信任定义为对交易伙伴依赖的意愿与信心。被广泛接受和最常应用的定义是由 Morgan 和 Hunt（1994）给出的。他们指出，信任是一方对另一方所持有的诚实和善意的信念。

不同的学科、不同的学者从不同的视角来对信任进行界定。这里主要梳理经济学领域对信任的研究。在经济学逻辑中，信任的分析主要出于理性计算，更多地强调信任能够降低交易风险和增加对交易伙伴行为预期的准确性。Sako 和 Helper（1998）整合了经济的、社会的和心理学的理论，他们将信任定义为，"一个机构对交易伙伴所持有的期望。即认为对方会以一种双方都可以接受的行为方式行动，并在发生机会主义行为时能够公平地处理"。张维迎（2002）认为，信任能够促进交易在陌生人之间达成，从而

有利于节约交易成本，并由此推出在重复博弈模型中，人们对长期利益的追求会促成信任。这也是本书把信任纳入装备采购市场治理框架的一个基本考虑。

（二）关于嵌入性的研究

“嵌入”的思想是由美籍匈牙利学者波兰尼提出来的。“解释波兰尼思想的逻辑起点是‘嵌入’概念。这可能是他对社会思想所作的最著名的一个贡献，这个概念同时也成为无数混乱的根源。”他通过“嵌入”一词来表达真实世界的经济学并非像经济学理论所描述那样独立存在，任何经济关系都是嵌入和从属于政治、宗教和社会关系的。波兰尼的“嵌入”概念提出后，得到一些著名学者的追随。如格兰诺维特（Granovetter，1985）使嵌入性概念真正成为新经济社会学的标志性概念，大大推动了新经济社会学研究的发展和深入。他将嵌入分为关系性嵌入和结构性嵌入，构建了后续研究大量采用的嵌入性分析的基本框架。这个分析框架发展了传统经济学的“理性经济人”假设，主张将人际关系网络作为嵌入的具体内容，并把嵌入性分析视角作为经济分析的起点，从而使引入嵌入性结构的经济学分析框架更贴近现实生活，具有可操作性。在格兰诺维特开创性研究的基础上，Zukin 和 Dimaggio（1990）对格兰诺维特的分析进行了拓展，提出了结构嵌入、认知嵌入、文化嵌入和政治嵌入四种类型。Barber（1995）批评了传统经济学研究，尤其是新古典经济学将市场交易都看作理性的、非人格化的、自主的思想。他认为新古典经济学这种简化的假设虽然在理论分析中有助于问题的简化，但是与现实世界的经济运行存在较大的差距，使得理论研究成果的可操作性较差。因此，他在格兰诺维特的基础上对嵌入性概念及其发展趋势做了更深入的研究，把嵌入性分析视角进一步深化，极大地推动了新经济社会学的发展。

在格兰诺维特和 Barber 等人的推动下，越来越多的经济学家把嵌入性纳入其研究领域。Uzzi（1996，1997）就是比较典型的一位。他将嵌入性分析引入到企业绩效分析框架，提出了“关系嵌入性悖论”。他在对美国纽约制衣工厂进行实证研究时发现，嵌入性强度与企业绩效存在很大的相关性。他的实证研究表明，嵌入性强度与企业绩效呈现一种倒“U”型关系。因此，他认为一个企业要实现最佳的绩效就必须在市场交易关系和长期合作关系之间实现最佳的权衡，“嵌入性不足”和“过度嵌入化”都是不可取的。嵌入性理论的研究，随着不同学者的不同研究视角而不断深化。不同学者根据研究主题的需要，对嵌入性进行了不同视角的探索，形成了广泛应用的几种框架：格兰诺维特的关系性嵌入和结构性嵌入框架；Zukin 和 Dimaggio（1990）的结构性嵌入、认知嵌入、文化嵌入和政治嵌入框架；Andersson、Forsgren 和 Holm（2002）的业务嵌入性和技术嵌入性框架等。

20 世纪 90 年代末，在 Granovetter、Barber 和 Uzzi 的推动下，嵌入性理论迅速发展，不断向经济学、社会学等领域拓展，并极大推动新经济社会学的研究领域向区域经济、产业集群、组织理论、交易治理、金融学领域扩展。我国学者比较缺乏对嵌入性理论的开创性研究，更多的是在上述领域对嵌入性理论的引入和运用，如赵蓓（2004）对嵌入性与产业集群竞争力的分析，王颖（2007）对渠道关系治理的嵌入性分析，兰建平和苗文斌（2009）对嵌入性研究的综述，文金艳和曾德明（2020）等运用标准联盟网络资源禀赋和结构性嵌入分析企业新产品开发绩效，顾昕（2019）将嵌入性分析框架运用到基本卫生保健治理创新之中，等等。可以看到，嵌入性分析框架拥有了越来越多的跨学科运用场景。

五、装备采购研究综述

装备采购是一个庞大的系统工程，它既涉及自然科学领域，也涉及社会科学领域，因此，对装备采购的相关研究也是相当丰富多彩的。本书主要是从现代契约理论，尤其是从关系契约的角度来探讨装备采购市场的治理问题，以寻求提高装备采购效率的经济学途径。这里主要从经济学视角来对装备采购研究现状进行详细梳理。

（一）关于我国装备采购的基础理论

我国的装备采购市场是随着社会主义市场经济的逐步确定而渐进形成和发展起来的，因此，我国装备采购市场的研究工作起步比较晚。在我国装备采购早期的研究中，主要采取马克思主义政治经济学分析的范式，从定性分析的角度对装备的价格、价值等基本问题进行研究。随着西方经济学的引入，研究者们开始运用现代经济学理论来构建装备采购的基础理论，取得了显著的成果，而且研究领域不断深入和扩展，越来越多文献从项目管理的视角来深化和拓展装备采购基础理论研究。例如，韩啸（2018）运用委托代理理论探索中国装备采购激励与监督机制，刘思（2021）讨论市场经济条件下装备采购的招标问题，艾克武（2019）分析装备采购市场的进入管制和退出管制问题，等等。

（二）关于装备采购市场的研究

对装备采购市场的研究是经济学研究的一个重要方向。从目前学界的研究现状来看，现有文献主要集中在对国防科技工业改革与发展、装备采购市场运行机制、装备采购市场运行效率以及装备采购市场的规制等问题。例如，有的学者认为中国国防工业最大的问题在于长期以来过分强调了它的“特殊性”。徐舟和谢文秀等（2013）对我国装备采购市场准入现状进行梳理，提出要从市场准入规制机构设置、法律法规体系完善等方面进行改进。在新时代，国防工业改革与发展一定要置于社会主义市场经济的大背景下。信息技术的发展推动了装备采购市场治理手段和方法的多样，吴伟伟（2019）探讨了逆向竞价技术在完善装备采购市场竞争中的作用。

（三）关于装备采购制度的研究

对装备采购制度的研究，主要是讨论如何构建竞争性装备采购制度。例如，许高峰（2004）从竞争性谈判着手，对健全和完善军事装备竞争性采购制度进行了大胆的探索。杨媛媛、郑绍钰和姜晓峰（2003）则从引入招投标制度的角度探索竞争性采购制度。结合当前深化国防和军队改革大背景，王湛（2019）提出要吸收借鉴政府采购成功经验，从营造公平公正采购环境、构建分工制衡的装备采购体制、形成纪检巡视监管合力等方面提出装备采购制度改革建议。当然，对装备采购制度的研究还涉及装备试验质量体系、采购制度变迁和采购合同管理等问题。例如，洛刚、王作涪和孙涛（2007）提出构建装备试验质量体系的问题，闻晓歌（2011）关注装备采购制度的变迁问题，吉礼超和宗万勇（2019）关注装备采购合同的履行与监督问题等。刘飘楚（2013）对我国装备采购制度发展进行了三十年回顾，总结了我国装备采购制度建设成就、存在的问题以及改进的思路。装备采购制度的研究，不仅包括对我国采购制度的探索，也包括对世界主要国家装备采购制度的分析与借鉴。例如，白凤凯和战竹杰（2010）对英国装备采办管理技术的介绍和研究，王春光和翟源景等（2010）对美军装备采购过程中的救济制度问题进行了研究，薛亚波和杨金晖（2011）介绍了法国装备采购体制改革问题，等等。

（四）关于装备采购风险和效益的研究

装备研制生产过程中存在很大的信息不对称和不确定性，装备采购面临着巨大的风险。装备采购的风险预警与控制、采购效益问题也是装备采购研究的热点问题。从现有文献来看，这方面的研究主要集中在对风险的评估（李晓松等，2010）、基于风险分担的装备采购模型的构建（李晓谦等，2009）等。

（五）关于装备采购契约的研究

从世界范围来看，在市场经济比较发达的国家，装备采购契约也是经济研究的一个重点。从国内的文献来看，相关研究还比较分散，没有系统化，而且对装备采购契约的研究更多是停留在对装备采购契约本身属性的探讨（张霞、白海威，2002）、装备采购契约的管理（白海威、王伟，2005）以及简单线性契约的研究（杜为公、曾和军等，2006；侯国江、曲炜，2007）等。从国外的文献来看，由于主要大国市场经济体制比较完善，在国防领域也不存在明显的二元体制，所以，国外装备采购契约的研究是从装备采购这个特殊的交易过程入手，探讨装备采购的激励机制问题。比如，在 20 世纪 80 年代，David P. Baron 和 David Besanko（1984）讨论了装备采购过程中的道德风险（moral hazard）与风险分摊问题，William P. Rogerson（1994）分析了国防采购中的经济激励问题，他认为在国防采购中，政府面临着两种不同的激励问题，一是如何规制军工企业，二是在政府内部层级机构中如何规制和授权采购执行部门。他还从生产过程管理、利润规制、成本控制等角度对装备采购过程的激励问题进行了开创性的探索，为装备采购的激励问题构建了经济学分析框架。Long 和 Stahler（2009）主要从政府采购的角度讨论了采购的效率问题。Carden、Leach 和 Smith（2008）揭示了金融市场上承包商的股票价格与装备采购进度的负相关关系，从经济学的角度解释了装备采购进度拖延的问题。Leitzel 和 Tirde（1993）整理了装备采购过程中的激励问题。Ergas 和 Menezes（2004）分析了复杂系统采购的特征问题。Schinasi（2005）从政府设计报告的角度对国防装备采购的效益进行了评价。Womer 和 Teerssawa（1989）分析了国防采购项目的不确定性对装备采购成本、承包商的市场准入和装备研制生产过程中的专用性资产的投入等问题的影响。Parker 和 Hartley（1997）对装备采购过程交易双方的关系进行了分析。Oudot（2013）分析了再谈判机制和非正式协议在装备采购中的重要作用。

从现有的文献来看，装备采购研究主要集中在对装备价格的规制以及对装备采购契约缔结前竞争机制的构建和运用，而忽视了由于装备采购市场大量存在专用性投资而导致交易发生根本性转变的情况，从而对装备采购契约缔结后的治理机制研究不够。笔者认为，这也是市场经济体制相当完善的美国等发达国家装备采购也不得不面临“涨(价格)、拖(进度)、降(质量)”困境的重要原因。在此基础上，笔者承认装备交易过程中发生的“根本性转变”，秉承建立与交易属性相匹配的治理机制的逻辑，运用关系契约的基本思想，构建装备采购双方治理的契约机制。在吸收正式契约与关系契约优点的同时，通过正式契约与关系契约的整合来弥补各自的不足，并且引入信任、嵌入性等新社会经济学思想，构建一个基于经济性因素与社会性因素相融合的装备采购市场治理契约机制。

第三节 研究方法与研究思路

一、研究方法

本书主要是从理论分析的角度来探索装备采购市场的契约机

制，即由关系契约主导的双方治理机制，主要采用的研究方法如下。

（一）制度分析方法

本书主要运用新制度经济学和新经济社会学的相关理论来探索装备采购市场的交易治理问题。制度分析是本书的重要分析方法之一。通过运用制度分析方法，对装备采购市场的治理制度和机制进行创新，从而使本书的研究既有助于深化对装备采购经济规律的认识，又有助于指导装备采购市场治理的具体实践。

（二）边际分析方法

本书采用的基本分析方法还包括新古典经济学所提倡的边际分析方法。在具体实证分析过程中，本书采用该方法来分析装备采购市场交易过程中交易双方的具体行为。

（三）均衡分析方法

均衡分析是本书采用的基本方法，也是重要思路。本书用均衡分析的方法来分析装备采购市场双方治理过程中各方行为的变化和治理机制的稳定性问题。

（四）静态分析与动态分析相结合的方法

装备采购市场双方治理是一种基于长期合作关系的治理结构。因此，在研究过程中，必须考虑时间的因素，用动态的视野来审视装备采购市场的治理过程。

二、研究思路

笼统地说，本书按照“提出问题——理论支撑——实证分析——政策建议”的逻辑思路展开。首先，通过文献研读和调查研究，发现装备采购市场的治理是一个具有很强现实针对性的问题，并从交易的视角来对本书的研究对象——装备采购交易过程进行剖析，刻画其交易属性；其次，综合运用新制度经济学、新经济社会学以及管理学等理论成果构建装备采购市场治理的关系契约框架，为下一步的分析做好理论支撑；再次，在构建好理论框架的基础上，具体对装备采购过程的双方治理机制进行实证分析；最后，根据理论分析的结果，对如何完善装备采购市场治理的契约机制提出可行的政策建议。

第四节 主要观点与创新点

一、主要观点

本书中所指的装备都是涉及大量专用性投资的大型装备系统。它的采购过程具有威廉姆森所指的混合型交易模式特征。与这种模式相对应的治理机制是交易双方之间根据合作关系构建的基于关系契约的双方治理框架。

交易双方缔结的关系契约是装备采购市场治理的基本框架。在这一框架下，双方可以针对装备采购中的价格、进度和质量三个核心要素建立起相应的制度安排，分别形成基于贝叶斯动态学习模型的价格契约、基于抵押模型的进度契约和基于声誉模型的质量契约。

信任机制在装备采购市场双方治理框架的运行中发挥着重要作用。本书的研究发展了威廉姆森的“契约人”假设，采用了人性内核分裂模型，认为人虽然具有机会主义动机，但是也具有可信任性。在装备采购过程中，交易双方之间能够建立起良好的信任关系。交易双方之间的信任关系能够提高装备采购效率，降低装备采购市场的治理成本。

装备采购市场的双方治理的契约机制仅仅从经济学的逻辑来分析是不够的。本书引入新经济社会学中的嵌入性分析框架，从过程和结构两个维度对装备采购市场双方治理过程中的嵌入性机制进行了分析，发现装备采购市场双方治理的契约机制，需要构建装备采购过程中经济性因素与社会性因素的互动整合机制，使装备采购市场的治理机制具有针对性，这样交易双方的合作关系才能更长久、更具有建设性。

二、主要创新点

本书的创新点主要体现在以下三个方面：

第一，将威廉姆森的交易根本性转换思想运用到装备采购过程中，本书认为现有研究突出缔约前竞争机制构建，而忽视了装备采购契约签订后的事后治理，然后根据装备采购的具体交易属性，提出了与之相匹配的装备采购市场双方治理框架。

第二，装备采购市场需要一种特殊的契约机制来提供激励与治理。笔者结合装备采购的具体交易属性和关系契约思想，从经济学的逻辑构建一个与之相匹配的双方治理框架，形成了基于贝叶斯动态学习过程的装备价格契约机制、基于抵押模型的装备采购进度契约机制和基于声誉模型的装备质量契约机制，对缓解装备采购市场治理面临的“涨(价格)、拖(进度)、降(质量)”困境有所贡献。

第三，在经济学逻辑下构建装备采购市场双方治理框架的基础上，笔者进一步进行反思和拓展，引入信任和嵌入性分析等社会性因素对双方治理框架进行了拓展。把双方治理的基本分析单位从“交易”拓展到了装备采购过程中的“合作关系”，提出了装备采购市场双方治理就是对装备采购过程中交易双方之间良性合作关系的构建、维护和发展，这使此治理框架更贴近现实，更加具有解释力。最后，结合本书提出的治理框架，提出了完善装备采购市场契约机制的对策建议。

第二章

装备采购市场治理现状分析

随着社会主义市场经济体制的确立，我国装备供应方式发生了根本性变化。市场化采购成为装备供给的基本模式，基于自主交易的装备采购市场逐步形成。采购契约（合同）成为调节交易双方的利益、约束双方行为的主要手段，也成为装备采购市场治理的基本工具。在市场经济条件下，装备采购是交易双方之间的一种交易行为。但是，由于装备这个交易对象的特殊性，使得装备采购这个交易过程具有一定行政参与。要探索市场经济条件下装备采购市场的治理问题，首先应该对装备采购的交易过程及其治理现状进行深入的剖析。

第一节　基本概念

一、装备采购市场及其特征

（一）装备

装备与武器、军事装备的概念在本质上有一定的相似性，其内涵最广。

武器，是指能够直接杀伤敌人有生力量和破坏敌人设施的器材与装置的统称。军事装备，是部队用于实施和保障作战行动的武器、武器系统和军事技术器材的统称。

关于装备有如下三种解释：第一，武器装备的简称；用作动词时，表示向部队或者分队配发装备以及其他制式军用物件的活动。第二，军事装备的简称；用作动词时，表示配发军用物资的活动（余高达和赵潞生，2000）。第三，装备在《新华字典》中的解释为“配备的东西”，含义十分广泛。在一些军事装备相关教材中，装备又解释为实施和保障军事行动的武器、武器系统和军事技术器材的统称（焦秋光，2003）。

装备的分类一般有两种：一种是根据装备的特征来分，另一种是根据装备使用的军事目的或非军事目的来分。前一种分类方法比较详细，现代装备大致可以划分为 21 个大类（钱海皓，2000）。后一类分法就比较简便，大致可以分为三类，即专门用于而且只能用于军事目的的装备；平时用于非军事目的，特殊时刻经过一定改装即可用于军事目的的装备；既可用于军事目的又可用于非军事目的的军民两用装备（朱松山和唐大德，2002）。

（二）装备采购市场

市场是商品交换得以实现的场所或方式。装备采购市场是把交易双方集合起来实现装备交易过程的途径和方式。装备采购市场既具有一般市场的基本特征，又具有其特殊性。在不同国家和经济制度下，装备采购市场有不同的存在形式。

我国装备采购市场可以定义为装备买卖的专门性市场。通常分为国内市场和国际市场两个部分。装备采购市场主要有以下几个特征：

第一，装备采购市场的行政干预色彩比较明显。在装备采购市场中，政府是唯一的购买方①，不仅把装备采购作为一种获取装

① 这里我们主要讨论国内装备采购市场，不涉及装备采购市场的国家贸易问题。

备、维护国家安全的基本途径，而且还把它作为一种重要的产业政策工具，用以促进国防科技工业调整和国家科技进步。无论在发达国家还是在发展中国家，装备采购市场都受到政府的严格管制。

第二，装备价格上涨趋势明显，国家经济可承受性面临挑战。装备的技术含量越来越高，从而装备价格也变得越来越高。姜鲁鸣和王树东（2007）在《现代国防经济学》中提到，有学者研究发现，装备（飞机、直升机、导弹、战舰、潜艇）的实际单位成本每年递增约10%，这就意味着每过7.25年装备的成本就会增加一倍。由于国防预算增长的速度并不能和装备采购成本增加的速度相一致，所以不可避免地对国家的经济可承受性提出严峻考验。

第三，装备采购市场存在更加突出的信息不对称性。在装备采购市场上，交易双方之间信息是不对称的。供应商无疑拥有更多的私人信息，是知情者。因而需求方在采购时面临如何设计激励契约，以减少采购过程中的不确定性。同时，需求方也不是一个统一的理性行为人，本身也是一个多层次的科层机构，在其内部也存在着各层次的委托代理关系。这就是说，需求方内部也存在着信息不对称性和委托代理的问题。因此，采购过程中的激励不仅包括对供应商的激励，还包括需求方自身内部的激励问题。

第四，装备采购市场难以实现规模经济效应。装备采购市场存在着合理经济规模与购买量偏小的矛盾，规模经济效应不突出。装备作为国家的重要物质支撑，政府作为唯一的买主，由于受各种因素的限制，每一型号的装备购买数量是有限的，购买量小导致装备采购市场要实现规模经济效应比较困难。

第五，装备采购市场面临巨大的不确定性。这是装备采购市场区别于一般商品市场的重要特征。信息化智能化的现代战争对装备的性能和要求越来越高，导致越来越多的信息化智能化新技术的运用。装备的科技含量越高，装备研制生产过程中的不确定性就越大。佩克和谢勒认为，装备采购过程中面临的不确定性可以分为，从供给角度考虑的内部不确定性和从需求角度考虑的外部不确定性。前一种不确定性主要是由技术的不确定性所导致的，后一种不确定性的原因更复杂一些，任何可能影响装备需求的因素都可能导致装备采购市场外部不确定性的出现（卢周来，2006）。

（三）我国装备采购市场的形成与发展

中华人民共和国成立后，我国长期实行了高度集中的计划经济体制。在计划经济体制下，我国装备一直是国家投资、定点研制、无偿调拨的计划供应方式。我国装备采购市场的发展主要是在改革开放以后，尤其是社会主义市场经济体制确立以后。我国装备采购市场的形成和发展大致经历了以下过程（丛姗、王羽和樊友剑，2005）。

我国装备采购市场是从无偿调拨的供给制度到实行实报实销的经济核算制度开始发展的。中华人民共和国成立初期，在计划经济体制下，装备的获取方式主要是以计划供给为主，实行供给制。1950 年 10 月，抗美援朝战争爆发。在这样的背景下，抗美援朝成为整个国家的中心工作之一。一切为抗美援朝服务成为军工企业的基本指导思想。这一时期的装备供给沿用战时体制，装备的研制生产完全根据国家的指令计划进行，完全没有了市场的概念。此时，装备采购实质是实报实销无偿调拨供给制度。这时装备采购市场还未形成，还处于一种完全计划经济体制的状态。

抗美援朝结束以后，无偿调拨制度就很难适应和平建设的需要，改革势在必行。我国装备采购开始由无偿调拨制度向经济核算制度转变。在经济核算制度下，装备初具商品属性，企业和需求方开始形成简单的、有限的交易关系。在国家统一的计划调拨价格下，工厂负责生产装备，需求方向工厂订货并在验收合格后付款，装备供应开始在实际核算成本的基础上，建立编制计划成本制度。此时，装备也有了价格概念。装备供应采用实际成本加5%利润的方法确定价格，并且一年一价，由交易双方协商后报主管部门批准。这个阶段成本、价格的概念开始在装备供应中体现。我国装备采购市场雏形开始出现。

随着经济体制改革的深入和发展，我国装备的供应模式也在不断调整，这一阶段装备供应调整为计划调拨制度。装备的调拨价格由按实际成本加成定价转变为按照计划成本加成定价，即装备价格=计划成本×(1+5%)。这个阶段我国经济体制还属于计划经济阶段，装备采购市场是国家计划经济体制下的一个特殊市场，计划配置和行政干预仍然是装备采购市场的基本主题。此时装备采购市场实行“免税低利”等优惠政策。国家对装备生产实行严格的统一计划管理和控制。在这种市场模式下，装备价格并没有太多经济功能，更多的是一种形式，它主要受行政调控而不是受市场规律的调节。此时，虽然市场机制在装备建设中还没有发挥太多配置资源的作用，但是从形式上来看，我国装备采购市场已经形成。

从改革开放到中国人民解放军总装备部（现中央军委装备发展部）成立期间，装备采购市场进一步发展。改革开放以来，我国开始由计划经济向社会主义市场经济转型。市场化供应模式开始把装备的使用者和生产者通过契约（合同）合作的形式聚集在装备采购市场。为了适应改革开放和经济体制改革的需要，装备采购市场的交易双方逐步走向市场的两极，开始形成一定的合同关系，装备供应保障实行合同制。为了规范装备采购市场化供应，《武器装备研制合同暂行办法》《国防科研试制费拨款管理暂行办法》《军品价格管理办法》等法律法规相继出台，对处于转型期的装备采购市场的运行进行规范，装备采购市场进一步调整与完善。

1998年，在原总装备部成立的同时，国家重新组建了国防科学技术工业委员会，主要对我国国防科技工业进行宏观管理，为装备采购市场提供合格的供给主体。国防科学技术工业委员会主要负责对国防科技工业实施政策、法规、规划、标准、监督等方面的行业管理。为了进一步完善我国装备采购市场，增强装备采购市场的发展活力，1999 年 7 月，按照培育更多合格市场主体的要求，中央决定将核、航天、航空、船舶、兵器工业总公司五个军工总公司改组成为更专业化的十大军工集团公司。2002 年 3 月，又成立了第十一大集团公司——中国电子科技集团公司。2016 年 5 月 31 日，中国航空发动机集团公司成立。2018 年 1 月 31 日，中国核工业集团有限公司与中国核工业建设集团有限公司实施重组，中国核工业建设集团有限公司整体无偿划转入中国核工业集团有限公司。2019 年 10 月 25 日，中国船舶工业集团有限公司与中国船舶重工集团有限公司联合重组，新设中国船舶集团有限公司。至此，中国形成了新的十大军工集团。在组建新的军工集团公司时，都严格按照产权清晰、权责明确、政企分开、管理科学的现代企业制度要求进行重组改革，大大激活了装备采购市场。这次改革极大地推动了我国装备采购市场的发展和完善。

进入 21 世纪，我国在构建了以十大军工集团为主要市场主体的装备采购市场以后，进一步深化改革，促进发展，将装备采购市场发展和建设作为提高战斗力的重要方面。为了规范市场经济条件下的装备采购工作，根据装备采购市场发展的需要，一系列法规文件陆续颁发，促进了装备采购市场向健康良性方向发展。《中国人民解放军装备采购条例》颁布后，《装备采购方式与程序管理规定》等 5 个相关配套规章随后也颁发，开始了对竞争性采购基本的法律法规探索。深化国防科技工业改革是党历次全国代表大会讨论的重要议题。2002 年 11 月，党的十六大提出了坚持以寓军于民、健全竞争机制、评价机制、监督机制和激励机制为核心的国防科技工业体制改革思路。2003 年 10 月，党的十六届三中全会通过《中共中央关于完善社会主义市场经济体制若干问题的决定》进一步明确和强化了军民结合、寓军于民的指导思想。我国在推进装备采购市场健康发展的同时，也积极鼓励和调动各方面的力量参与国防建设，进一步采取切实措施来鼓励民营企业参与装备的生产研制，激发和保持民营企业参与国防建设的热情。

2005 年 2 月，《国务院关于鼓励支持和引导个体私营等非公有制经济发展的若干意见》对国防科技工业的改革作出了明确规定。该意见指出："坚持军民结合，寓军于民的方针，发挥市场机制的作用，允许非公有制企业按有关规定参与军工科研生产任务的竞争以及军工企业的改组改制。"同年 12 月，中央军委批准下发《关于深化装备采购制度改革若干问题的意见》，对社会主义市场经济条件下推行竞争性装备采购制度改革提出了新的要求。

随着我国经济体制改革的深入，我国装备采购市场也发生了很大的变化，开展竞争性科研采购成为我国装备采购市场发展的基本价值取向。2007 年 2 月，中国国防科学技术工业委员会专门出台《关于非公有制经济参与国防科技工业建设的指导意见》，为非公有制经济参与国防科技工业体制改革提供政策支持。党的十七大报告中指出，要调整改革国防科技工业体制和装备采购体制，提高装备研制的自主创新能力和质量效益。2009 年 7 月，原中国人民解放军总装备部出台了《关于加强竞争性装备采购工作的意见》，着力构建开放、规范、有序的装备采购市场，积极培育多元化的竞争主体，广泛吸引包括民营企业在内的各类所有制企业参与装备的预先研究、型号研制、购置、维修各阶段竞争，以进一步加快军队装备现代化建设步伐。2022 年 3 月，中央军委发布《军队装备采购合同监督管理暂行规定》，自 2022 年 3 月 20 日起施行。这些政策法规的施行，为装备采购市场有序运行提供了法规依据。

由于装备的特殊性，要构建完全竞争的装备采购市场是不现实的。市场准入门槛高是装备采购市场的一个关键特征。需求单位主要根据企业研制生产装备的综合能力来确定合作厂商名录，并以此为基本依据来规范装备采购市场秩序。

二、装备采购与装备采办

关于装备采购（weapons procurement）的定义，学术界基本上大同小异，没有太多本质性差别。例如，果增明等（2006）编著的《装备经济学》一书将装备采购定义为："采购主体使用军费和其他资金，运用适合军队的需求方式获取装备、服务的行为。"这一行为包括确定需求、编制装备采购计划、选择决定需求方式、发布采购信息、编制采购文件、供应商资格审查、执行需求方式、签订采购契约、履行采购契约、交付验收与结算、装备采购整体效益评估等一系列有组织的活动。其目的是统一采购军队所需装备，完成保家卫国的使命。装备采购必须在经济可承受性与装备建设需求之间进行权衡。因此，装备采购的根本目标就是要用最少的费用来满足装备建设需求。

装备采购的客体是一种很特殊的商品。因此，装备采购与其他一般商品采购或者政府采购活动相比，具有国家强制性垄断程度更高、买卖双方信息不对称性更大、国家调控管理的政策导向性更强、采购交易流程和程序更复杂等特征。

其实，还有一个同装备采购很相近的概念——装备采办。装备采办（weapons acquisition）也是常使用的概念。从现有文献来看，虽然学界对装备采办还没有权威的界定，但是从实际情况看，学者们对装备采办概念的理解也大同小异，并无本质的区别。

美国对"采办"的定义："采办系指系统、自动化信息系统和其他装备的方案探索、立项、设计、研制、试验、签订合同、生产、部署后勤保障和退役处理，旨在满足国家防务需求"（刘彬，

2008）。由此定义可知，美国的“采办”也是强调装备交易过程中的全寿命管理概念。这就是大家称为“从摇篮到坟墓”的管理。

在本书中，笔者将装备采办定义为：一个国家或军队获取和使用装备的一系列活动。它具体包括需求确定、规划计划、研究设计、试制生产、部署保障、改进革新、退役安置等环节，其本质就是装备的“全系统、全寿命过程”（年福纯，2006）。

从上面对装备采购与装备采办两个概念的界定可以看出，装备采购与装备采办的区别并不大，都是获取装备的行为与方式。但是从字面意思上来理解，装备采办包括的范围似乎要更广泛一些，它涉及装备的全寿命过程。本书研究的重点是分析获取装备的交易过程，因而笔者将装备采购过程抽象为一个卖方（供应商）与一个买方（需求单位）之间的一个特殊交易行为，并不具体涉及装备采购的全寿命过程。因此，本书选择使用装备采购这一概念。

三、装备采购契约

（一）契约

契约是双方当事人形成一致意见而达成的一种“合意”。本书将契约与合同、合约等同使用。契约的本质在于自愿协作和自由合意。在契约经济学中，契约的内涵十分广泛，不仅包括了法律意义上的正式契约，也包括很多非正式的契约关系。在经济学框架下，任何交易都可以看作一种契约关系。契约已经成为经济分析的一个基本要素（科斯、哈特和斯蒂格利茨等，1999）。

在装备采购过程中，契约既是重要的基本概念，也是重要的治理工具。装备采购交易过程包含了一系列契约关系，而且在这一过程内部的各级、各类组织都可以看成是由一系列的契约关系所组成的（吴一平，2006）。

（二）装备采购契约

装备采购契约，也称装备采购合同，它与其他商业契约一样，是买卖双方关于价格、项目数量、交付日期、质量以及其余事项所达成的协议。在美国，装备采购合同常常被称为防务合同或者国防合同。“国防合同的深层理念是激励承包商在加强质量、缩短交付时间的同时降低产品的成本。”索伦森（2013）将国防合同分为固定价格合同（fixed-price）和成本加成合同（cost-plus）两大类。

本书将装备采购契约定义为：在装备采购市场中，基于国家安全和军队发展需要，在平等协商的基础上，协调采购各方利益分配关系，以保障装备交易行为得以顺利执行的一系列协议框架。装备采购契约是一种特殊的经济契约，它用法律的形式来调整和规范采购双方之间的经济权益。

装备采购契约的构成要素包括契约主体、契约客体以及契约规则。装备采购的契约主体一般是指交易双方，装备采购的契约客体一般是指所采购的装备或服务。[①] 装备采购的契约规则是指规范采购行为的各种正式法律法规体系和非正式制度体系。

第二节　装备采购市场治理环境分析

装备采购必然要在一定社会条件和环境下实现。在不同的社会制度环境下，装备采购呈现不同的模式。分析装备采购市场治理，首先需要对装备采购交易过程中所面临的制度环境进行整体的把

① 承担装备研制生产任务的单位很多，包括企业、科研院所、高校等，为了分析方便我们统称承包商。

握（郭红东，2005）。按照新制度经济学的逻辑，制度环境影响和制约着事物的发展，是事物发展变化的内生变量和动力源泉。关于制度内涵的理解，学界有不同的视角。正如青木昌彦（2001）指出的，“关于制度的定义不涉及谁对谁错，它取决于分析的目的”，他把制度定义为“关于博弈重复进行的重要方式的共有信念的自我维系系统”。柯武钢和史漫飞（2001）则把制度理解为规则的集合，这些规则被一定范围群体所组成的共同体所认同，并对共同体内的机会主义行为进行限制，这些规则能够使每个个体的行为形成一定的约束，对违反规则的行为进行处罚。诺斯（1994）则把制度理解为决定人们之间相互关系而人为设定的一种社会游戏规则。本书把制度理解为一种由正式规则（政治规则、经济规则、合同）和非正式规则（社会规范、惯例、道德准则、意识形态）构成的社会博弈规则。对于装备采购市场治理来说，制度则是影响和制约交易双方之间交易行为的一系列正式与非正式规则的总和。这一部分主要从经济环境、法治环境和文化环境三个方面分析装备采购市场治理所面临的社会制度环境。

一、装备采购市场治理的经济环境分析

经济环境是指装备采购所面临的经济制度体系的统称。所谓经济制度，就是关于人们经济活动的行为规则，它的作用在于规范和调整人们的经济行为和关系。我国虽然已经建立起社会主义市场经济体制，市场成为资源配置的基本方式，但是在有些经济领域市场机制作用的发挥还远远不够。环境如果缺乏对承包商进行科技创新的激励，就不利于提高采购装备的质量。在这样的经济制度环境下，装备采购市场的治理就必须把握好市场机制在装备采购交易中的作用，既要保障装备采购过程中的基本竞争，又要确保国家安全利益不受损害。提高装备采购效率，必须打破装备

采购市场的垄断局面，营造具有良好的竞争机制的经济环境（孙兆斌和金从海等，2011）。

二、装备采购市场治理的法治环境分析

法治环境主要是指规范和激励装备采购交易行为的一系列法律法规制度及其执行情况的总和。在社会主义市场经济体制下，法治环境是影响装备采购市场治理的重要因素。完善装备采购立法是实现装备采购市场治理法治化的前提条件，要提高装备采购规范化水平和采购效率，必须加强装备采购法治环境建设（谢小红和王江为等，2011）。

我国装备采购立法处于不断发展和完善中。我国在以宪法为根本的中国特色法律制度体系下，针对装备采购的具体情况，还制定了一系列专门的法律和法规。这些法律法规体系为装备采购交易过程的顺利完成提供了法治保障，也对规范和调节装备采购市场交易双方的行为起到了积极的作用。党的十八届五中全会以来，全面依法治国上升为国家战略并实施，装备采购市场治理的法治环境也进入完善发展的快车道，装备采购市场治理面临的法治环境将不断完善。

三、装备采购市场治理的文化环境分析

文化是人们在实践中创造的精神成果，由艺术、道德、政治法律思想、科学、哲学等要素构成，是知识体系、价值观念、思维方式的有机统一。装备采购市场的治理离不开文化的支持，尤其是信任和创新文化氛围。但是，从我国的具体国情来看，我国的信任和创新文化氛围还不是很浓厚，对我国社会经济发展有一定的影响。可喜的是，党和政府正在通过实施“促进社会主义文化

大发展、大繁荣”、“实施创新驱动发展战略” 和 “建设创新型国家” 等一系列战略举措来着力解决这些问题。尤其是习近平总书记强调，文化自信是更深沉、更持久的力量，并且在全社会兴起培育和践行社会主义核心价值观的热潮。这些国家战略的实施将为装备采购市场治理提供良好的文化制度环境，为提高装备采购效率提供文化支撑。

第三节 装备采购的交易特征分析

一、装备采购市场的交易主体及其行为

分析装备采购的交易特征，首先从了解装备采购交易主体行为特征与偏好着手。在前面的概念界定中，我们指出了装备采购交易的主体主要是交易双方，但从装备采购实践来看，政府在装备采购中也具有重要的地位和作用。其实，装备采购本身是政府采购的一部分，政府也是装备采购交易主体之一。因此，这里所涉及的交易主体包括交易双方和政府。

（一）装备采购交易主体

需求单位作为装备的消费者，他们在装备采购中处于主导地位。装备采购交易能否实现，关键在于需求单位。

承包商。承包商是一个很宽泛的概念，在具体的装备采购实践中，承包商也有很多层次之分，可以分为总承包商和分承包商等类型。并不是任何企业或者科研院所都能够成为装备采购的承包商。装备采购的承包商具有严格的资格准入，在我国只有具有相应资质的企业或科研院所才能成为装备采购的承包商。

政府。在本书中，政府并不是装备采购的直接交易主体，由于政府在装备采购中扮演着重要角色，发挥着重要作用，因此，在这里将政府作为一个主体单独列出来。它是装备采购的管理者，它的职责是为装备采购理顺各种关系，培育良好环境，对装备采购进行监督管理。

（二）装备采购主体的行为

本书首先假设装备采购主体都是追求自身利益最大化的“经济人”。在这种情况下，信息不对称的程度越高，逐利动机越大；机会主义行为倾向越明显，装备采购市场中产生逆向选择和道德风险的可能性就越大。由于装备采购过程所具有的高不确定性和高信息不对称性，装备采购市场治理常常不得不面临逆向选择、道德风险、敲竹杠等机会主义行为。

1. 逆向选择

在装备采购过程中，由于信息不对称而导致的机会主义行为可以分为事前机会主义行为和事后机会主义行为。事前机会主义行为又称“逆向选择”，是指装备采购双方在签约时，承包商利用签约之前需求单位无法观察、验证的信息不对称或由于承包商故意隐蔽信息而导致需求单位无法选择最优承包商。例如，承包商隐瞒自身在履行契约方面存在的不足，故意夸大自身的研制或生产能力等以骗取需求单位与其签订装备采购契约。对于需求单位来讲，验证这些信息的真伪不仅需花费较大成本，而且有时即使花费较大成本也未必能够得到真实信息。基于以上原因，交易双方签订研制或生产契约之前很难完全掌握对方的真实信息，这也就导致了装备采购过程中需求单位可能面临逆向选择。

2. 道德风险

道德风险又称事后机会主义行为，是指装备采购契约签订以后，承包商为了获取高额利润，利用信息优势，隐藏可以降低成本的能力和信息，将许多不应有的费用在成本中列支，虚增计划成本；同时为了维持这种信息优势，承包商会尽量隐蔽或拖延披露有关研制和生产的相关信息，或者提供不真实的成本信息。在装备采购契约签订以后，承包商对于装备研制、生产的难易程度、技术保障、质量保障、研制与生产进度以及生产成本等拥有私人信息。拥有信息优势的承包商出于自身效用最大化考虑，可能有意隐瞒研制和生产的相关信息或行动而损害需求方利益，产生道德风险行为。

3. 敲竹杠

专用性是指耐用性实物资本或人力资本投入某一特定交易关系从而被锁定的程度。威廉姆森（1979）按照资产市场转换的难易程度，将专用性分为非专用、混合和专用三个层次。由于一旦交易关系破裂，专用性资产将付出巨大的转置和退出成本，产生“套牢效应”（lock-in）。在装备交易过程中，需要投入大量的专用性资产，而且由于涉及装备生产的专用性投资大多数都由国家来承担，一旦承包商和需求方确立了采购契约关系，政府对这个项目进行了大量的专用性投资，那么政府要改变交易关系或者另外寻找承包商就会面临巨大的专用性资产损失。这种情况下，需求方就对承包商产生了依赖，这必将弱化需求方在投资完成后的谈判地位，从而无法防止承包商的机会主义行为。由于装备交易中包含的巨大的专用性投资，事前的买方垄断就会被事后的卖方垄断所取代，从而导致承包商将专用性资产的准租金占为己有的机会主义行为。例如，利用契约不完全性寻找种种借口敲竹杠，使自己在交易中处于有利地位，获取更多的信息租金。被承包商敲竹杠风险的存在增加了装备采购过程中专用性资产的交易费用，它影响了需求方在事后讨价还价的地位，从而也会影响事前的投资决策。如果事先考虑到这种威胁的存在，不仅专用性投资不能达到最优，而且契约的谈判和执行也会变得更为困难，造成装备采购的高交易成本。

二、装备采购的交易属性分析

交易属性界定有不同的维度，其中威廉姆森（2004）对交易属性的界定思路值得借鉴。他主要从资产专用性、不确定性及交易发生的频率三个维度来界定交易属性。本书遵循威廉姆森的思路，结合装备采购交易的特点，主要从有限理性、机会主义行为、资产专用性、不确定性和交易频率五个方面来分析装备采购的交易属性。

（一）有限理性

本书所探讨的大型装备系统属于复杂精密的高科技产品，其研发和生产过程具有很大的风险性和不确定性。因此，无论是对于需求方还是承包商而言，都很难完全控制所研制装备系统能实现的技术状态。而且，就需求方而言，承包商在装备系统研制和生产过程中还有很多难以掌握的私人信息。就承包商而言，装备系统的研制、生产具有很强的政治性，装备需求与国家安全环境和国家政治形势也有很大的关联，这也是承包商无法左右的。因此，在装备采购的交易过程中，交易双方都具有有限理性的特征。这是装备采购的第一个重要交易属性。

（二）机会主义行为

在前文的探讨中，我们提到了装备采购交易主体可能出现的机会主义行为。作为追求自身利益最大化的“经济人”的交易双方，在信息不对称条件下就必然会出现逆向选择、道德风险、敲竹杠等潜在的机会主义行为。这是装备采购的第二个重要交易属性。

（三）资产专用性

资产专用性刻画交易过程中投入资产转换的难易程度。威廉姆森认为资产专用性可以分为专用地点、专用实物资产、专用人力资产以及特定用途资产四类。装备作为一种特殊的商品，其研制、生产具有很强的资产专用性。对照威廉姆森关于资产专用性的分类，装备研制生产中这四类专用性资产都比较明显。由此可见，资产专用性程度高是装备采购的第三个重要交易属性。

（四）不确定性

关于装备采购过程中的不确定性，我们在分析装备采购市场特征的时候已进行了详细探讨，这里不再赘述。装备交易的不确定性主要包括技术不确定性和需求不确定性两个方面。因此，不确定性大是装备采购的第四个重要交易属性。

（五）交易频率

虽然装备交易不像普通商品交易那么频繁，但是装备的研制和生产需要一个较长周期。从这个角度来看，装备采购的交易频率较高。交易频率高是装备采购的第五个重要交易属性。

综上所述，按照威廉姆森对交易的分类，笔者认为装备采购应该属于“经常—混合型”交易。因此，装备采购市场的契约机制必然不同于完全自由竞争的市场治理，也不同于企业一体化的科层式行政命令式治理，而是一种双方治理（bilateral governance）。也就是说在装备采购市场治理过程中，既要重视正式契约的激励作用，也要运用更加灵活的关系契约激励，从而形成一种合理的综合治理框架。

三、装备采购契约的特征

采购契约是装备采购市场治理的基本工具，是规范装备交易过程中交易双方行为的协议框架。装备采购对象和过程的特殊性决定了装备采购契约也具有一些一般经济契约不具备的特殊特征（魏刚、艾克武，2005）。

（一）契约目标的政治性更强

一般经济契约双方都是以获取最大利润为基本目的。但是，由于装备采购关系到国家的安全利益和国际地位，所以在装备采购契约中，交易主体在关注自身利益最大化的同时，必须考虑整个国家的安全利益，国家政治对契约目标的影响更大。在国家安全环境恶化或者战争阶段，契约对政治目标的追求可能超过对经济目标的追求。因此，装备采购契约双方不能片面强调契约的平等与自由原则，而是应在一定的政治性约束条件下追求经济效益的最大化。

（二）契约双方的地位具有一定的不平等性

由于装备服务具有特殊性，因此，生产工艺和技术都要必须具有较高的战技性能，同时还必须具有很好的可靠性、维修性和保障性，这就使装备采购契约不同于普通商品采购契约。在装备采购契约中包含需求方参与直接管理的内容，即需求方在装备采购契约中具有更大的管理权。从我国的实践来看，就是直接向承包商派驻监督人员，建立常驻的管理机构，对装备采购契约的执行过程实行全面的监督和管理。

（三）装备采购契约履行的不确定性和技术风险较大

现代信息化、智能化装备的研制周期一般长达几年甚至数十年，契约履行的时间跨度长，这就造成了装备契约履行中的不确定性较大。同时，高技术的开发与应用具有较大的风险性，因此高技术装备采购面临较大的技术风险。

（四）装备采购契约的长期性、关系性

装备的特殊性决定了其生产过程中投资的专用性和规模性。这就使从事装备研发生产的承包商都同需求方保持一种长期的合作关系。装备采购契约呈现一定的关系性特点，这一点可能会对装备采购过程中的竞争机制和监督机制产生一定的负向影响。但是

如果从长远的视角来看，采取一定的经济、法律手段对这种合作关系进行有效的引导和管理，促使承包商在装备采购市场治理中形成良好的声誉机制，对装备采购来说可以起到一定的积极作用。这也是本书的一个重要立足点。

第四节　装备采购契约的类型与比较

在装备采购市场的具体实践中，常用的装备采购契约可以划分为不同的类型。

一、按采购契约的内容划分

根据采购契约的具体内容，装备采购契约可以分为价格契约、进度契约和质量契约三种类型。

（一）价格契约

价格契约，是指装备采购双方就所采购装备的价格达成的具有法律效力的协议。装备是一种特殊的商品，其价格的决定不仅受基本经济规律指导，而且处于政府的严格监管中。装备价格的决定不仅受供求规律等经济因素的影响，而且与国家的安全形势、国家体制等一些非经济因素有关。这就是说，确定装备的价格是一件十分复杂的系统工程。在装备采购实践中，如何科学合理地确定装备价格，既要调动承包商参与装备建设的积极性，又要考虑国家的经济可承受性，以更合理的费用采购最好的装备就显得十分重要。通过价格契约对承包商进行激励和约束是克服装备采购中“价格上涨”困境的一个重要途径。

（二）进度契约

进度契约，是指装备采购双方就所采购装备的交付日期达成的具有法律效力的协议。从上述分析中我们了解到，装备采购过程具有较大的信息不对称性和不确定性。这些客观因素的存在，可能使按“经济人”逻辑做决策的承包商存在通过故意拖延装备生产进度、延后装备交付日期来获取更大收益的机会主义行为。同时，装备生产需要进行大量的专用性投资，从国际范围来看，这些专用性投资大多数都是由政府提供的。政府大量的专用性资产的投入还容易被承包商所挟制，从而面临被承包商“敲竹杠”的风险。进度契约就是在充分预测装备采购过程中可能面临的不确定因素后，对装备生产的进度和交付使用日期进行明确的界定，激励承包商以最佳的努力水平实现装备采购的最佳进度。这也是通过装备采购进度契约激励来克服装备采购过程中“进度拖延”困境的一个重要途径。

（三）质量契约

质量契约，是指装备采购双方就所采购装备的各项技术性能指标达成的具有法律效力的协议。装备是一个复杂的系统，科学技术的日益更新、制造环境的复杂多变以及人们认识能力的有限性，不可避免地造成装备质量的不确定性。但是，质量是装备的生命。习近平主席强调，发展装备，关键是要有自己的核心技术，有自己的撒手锏和独门秘技。有底牌才有底气，长缨在手方能以武止戈。所以，装备采购的质量契约就是用契约手段对装备进行质量管理的重要工具和手段。同时，运用质量契约强化装备生产过程中的质量激励，也是克服装备采购过程中所面临的“质量下降”困境的一个重要途径。

二、按采购契约的性质划分

根据采购契约的性质，装备采购契约可以分为固定价格契约、成本加成契约和激励性契约（姜鲁鸣、王树东，2007）。

（一）固定价格契约

固定价格契约是指装备采购双方签订的一次性确定所采购装备的价格等条件，而不管以后产品实际成本变动的采购协议。固定价格契约对降低成本有很强的激励性，但是事后讨价还价进行再谈判调整的灵活性不足。

固定价格契约通常适用于竞争环境或购买来源比较单一的情况，也适用于在技术和经济上几乎没有太多不确定性的情况（姜鲁鸣、王树东，2007）。在可以估算承包商生产成本的条件下，随着需求的增加，最佳契约趋向固定价格契约（Laffont & Tirole，1986）。从固定价格契约的特点可以看出，承包商分担了更多的未来风险。但是，在装备采购实践中，由于信息不对称，需求单位可能会不愿意采用固定价格契约。首先，需求单位对承包商的成本情况并不是太了解，若签订固定价格契约，需求单位只能被动接受承包商提出的成本。其次，需求单位不仅关注装备的价格，更关注装备的质量，因此，需求单位要防止签订固定价格契约后，承包商一味地追求降低成本而造成质量下降的情况出现。

（二）成本加成契约

成本加成契约是指装备采购双方根据实际发生的成本加上一定的利润分成来达成交易的一种协议。从定义可以看出，成本加成契约的优势是事后议价调整的灵活性比较强，缺点是降低成本的激励性不强。一份成本加成契约，就意味着政府成立了一家保险公司，它用承担所有风险的方式对公司提供全额担保（Kovacic，

1991)。这就是说，在这种契约模式下，政府承担了绝大多数的风险。由于政府具有支配财政资产规模和分担风险的能力，对于装备这种具有高风险、高不确定性的特殊商品的采购来说，成本加成契约是一种比较理想的风险分担安排。我国现行的装备采购契约一般采取这种契约，但是，这种契约安排是一种低效率的安排。

（三）激励性契约

激励性契约是指装备采购双方通过谈判来确定目标成本、目标利润、风险的分担率和政府承担最大的价格责任等问题来实现装备交易的一种灵活的采购协议。在这种契约安排下，承包商在谈判过程中必然要追求较高的目标成本、目标利润对承包商有利的风险分担率和政府承担最大的价格责任。为了防止这些行为的发生，需求方必须采取一些应对措施。例如，需求方可以采用一些以预算为基础的方案。根据这些方案，政府用于激励方面的费用按照实际成本和公司在项目开始时所确定的成本预算来确定，而且使激励费用与预算的变化成一定比例。这样，需求方获得了其编制预算所需的公司有用信息，因为有意签订契约的公司在遵循真实性、现实性和没有偏见的成本估算方面受到了激励（Reichelstein，1992）。

三、装备采购契约的比较

在前面，我们从采购契约的内容和采购契约的性质两个方面对装备采购契约进行了分类。下面对不同类型的契约进行比较。其实，装备采购的价格契约、进度契约和质量契约可以统一并入一个装备采购契约之中。但是，由于装备采购所具有的特殊性以及从装备采购实践中面临的“涨(价格)、拖(进度)、降(质量)”的困境来看，有必要对装备采购过程中的价格、进度、质量三个核心问题进行独立分析。所以这三个契约既统一于装备采购过程，又各自具有不同的特点。

价格契约在于追求合理的价格，注重装备采购的经济可承受性。进度契约在于督促承包商严格按照装备研制生产的节点，按期交付所采购装备，减少装备采购过程中的不确定性。质量契约是装备采购的核心。装备作为一种特殊商品，相对于价格和进度来说，质量是第一位的。其实，这往往会成为承包商借以提高价格、拖延进度的一个重要砝码。质量契约在于要在保证经济可承受性的条件下采购最好装备。

对固定价格契约、成本加成契约与激励性契约的比较，可以用以下公式进行分析。

$$\Psi_c = \Psi_g + \upsilon(C_g - C_a) \tag{2-1}$$

其中，Ψ_c为承包商利润，Ψ_g为政府许诺的目标利润，C_g为目标成本或政府估算成本，C_a为实际成本，υ为成本分担率，也就是在承包商和政府之间分担目标成本与实际成本的差额的比率。当$\upsilon=0$时，为成本加成契约；当$\upsilon=1$时，为固定价格契约；当$0<\upsilon<1$时，为激励性契约。这三种契约的相互关系如图 2-1 所展示（姜鲁鸣、王树东，2007）。

在图 2-1 中，价格以估算成本 C_0为基础，再加上政府许诺的目标利润 Ψ_g，所以在这里 $P_0 = C_0 + \Psi_g$。固定价格契约由一条水平的价格线表示；成本加成契约由具有正斜率的直线表示，其中利润是高于45°线的加价部分；激励性契约介于固定价格线与成本加成线之间，这条线的斜率反映了成本分摊的比率。

总之，无论是哪种契约，都建立在承包商追求利润最大化的假设之上，但是在竞争程度并不明显的装备采购市场，在确定装备采购契约中的激励方式与制度安排时，既要考虑承包商利润最大化的追求，也要考虑装备采购市场的特殊性，将公众利益、社会福利以及国家安全等因素纳入其中。

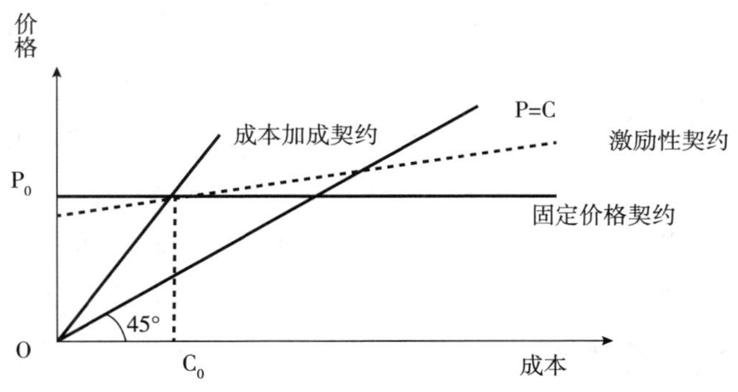

图 2-1　契约的比较

资料来源：姜鲁鸣，王树东. 现代国防经济学［M］. 北京：中国财政经济出版社，2007：141.

第五节　我国装备采购市场治理面临的困境

中国特色社会主义进入新时代，我国装备采购市场发展也进入市场化、专业化、法治化的新阶段。装备采购市场机制更加完善，信息披露更加充分，采购效率明显提高。但是，从我国装备采购市场治理现状来看，还有以下问题需要进一步完善。

一、缺乏装备采购市场治理的法律基础

市场经济是契约经济，更是法治经济。法律体系是市场经济有序运行的制度基础。目前，2002 年颁布、2014 年修订的《中华人民共和国政府采购法》和《中国人民解放军装备采购条例》是规范我国装备采购交易行为的基本法规。但是从具体装备采购交易

治理的实践来看，现行的法规过于宏观，可操作性不强，难以对市场经济条件下复杂的装备交易行为治理提供具有较强约束力和执行力的法律框架。

因此，随着我国市场经济体制的不断完善，我国现行的装备采购法律体系已不能有效满足市场经济条件下装备采购市场双方治理的需要。虽然双方治理框架强调了契约调整的灵活性，但这种灵活是建立在完善的法律体系和正式契约基础上的有章可循的灵活。装备采购法律体系不完善造成了契约履行不严格现象普遍存在，很多完全的契约条款不能有效履行，对违约行为缺乏有力的仲裁和约束，直接导致“涨(价格)、拖(进度)、降(质量)”现象的发生。这种法律体系的缺失导致装备采购市场双方治理缺乏法律保障和依据。

二、缺乏装备采购市场治理的契约主体基础

从装备采购市场的供给方来看，我国科技工业虽然取得了长足进步，但是与发达国家相比，支撑我国装备采购市场的科技工业基础还不够强。另外，装备采购市场开展采购竞争的程度还十分有限，导致我国装备采购市场有资质的承包商数量不多，质量不高，现有承包商资质还不能达到装备建设和发展的要求，需求方签订装备采购契约的选择余地比较小，竞争性装备采购契约关系难以形成。这主要体现在两个方面：一是装备采购模式相对单一，承包商企业成长不足，导致装备采购市场发展不充分；二是装备采购市场准入门槛过高，民营企业参与装备采购市场竞争困难。从装备采购市场的需求来看，装备需求方市场化操作能力不成熟，内部利益关系错综复杂，难以适应竞争性契约关系的要求。装备采购市场需求方的市场主体地位虽已明确，但受到了一定的行政干预和控制，其市场主体地位受到了影响。在这种情况下，造成

对装备采购行为的交易属性认识不足。

三、缺乏装备采购市场治理的体制基础

虽然竞争性采购已成为我国装备采购的基本价值取向，但是从市场经济的客观要求来看，我国现行装备采购体制还不能完全适应高水平社会主义市场经济体制和装备建设发展的需要。虽然我国早已从政策层面明确鼓励非公有制经济参与装备的生产研制，但从具体的实践来看，我国装备采购市场还存在不同程度的进入壁垒，非公有制经济参与装备研发生产的体制性壁垒还需要进一步突破，否则会导致我国装备采购市场的竞争不充分，甚至会导致市场秩序混乱，需求方无法从竞争性机制中获得最可靠的承包商，也无法获得最优质的产品及服务。另外，市场经济条件下交易治理的基本工具——契约在装备采购市场的推广应用不尽理想，导致契约难以发挥应有的治理功能。

第六节　装备采购市场双方治理框架的界定

对于装备采购市场来说，与之相匹配的治理框架是立足于交易双方两个独立市场主体之间的共同治理结构，即双方治理。在双方治理结构框架下，在装备交易过程中交易双方仍然保持了各自的独立地位，但它们中间出现了旨在维持双方长期合作关系的机制。装备采购过程中发生的根本性转变，使装备采购交易合作关系的连续性变得有价值，同时这种交易的连续性为构建装备采购市场专门的治理结构提供了很好的成本补偿。因此，装备采购市场双方治理框架是指以交易双方之间缔结的关系型契约为基本框

架，以应对采购过程中大量专用性投资而导致的机会主义行为和装备研制生产中的巨大不确定性为目标，以装备价格、进度和质量为关键变量的长期合作导向型契约机制。例如，承包商进行专用性资产投资形成“抵押”，订立“互惠联动”条件，以均衡双方交易风险，增加双方的共同利益，使双方的交易关系保持较高的稳定性和延续性。

第七节　本章小结

本章从装备、装备采购以及装备采购契约等基本概念入手，在社会主义市场经济的框架下来审视装备采购这个特殊的交易过程，从理论和实践两个视角分析我国装备采购市场治理现状，为装备采购双方构建治理框架提供理论和现实依据，并在此基础上对装备采购市场双方治理框架进行了界定。

从理论上讲，装备采购交易过程的特殊性主要是由于装备采购涉及国家安全等核心利益。其特殊性主要体现为具有行政干预色彩，具有很大的不确定性、信息不对称性。从交易视角对装备采购这个特殊交易过程进行深入分析，我们主要回答两个问题：装备采购的交易过程有什么特征、装备采购市场为什么需要特殊契约治理机制。

第一，在社会主义市场经济条件下，通过市场交易获取装备是我国装备供应的基本方式。按照市场经济的规则来审视装备采购过程，发现其具有以下特征：①交易主体比较特殊，而且具有有限理性和机会主义行为的特征。需求方是装备的购买者，装备的供应商数量有限。②交易客体具有很强的高技术性、保密性。③在整个交易过程中，涉及大量的专用性资产投资，具有很强的不确定性，交易频率比较高。④装备采购契约具有政治性较强、契约主体地位不平等、不确定性和技术风险性较大以及长期关系性的特征。

第二，装备采购交易属性的特殊性，决定了装备采购市场治理的特殊性。装备采购交易过程具有不确定性大、信息不对称性强、机会主义行为倾向明显以及契约双方具有有限理性等交易特性，按照威廉姆森对交易类型的分类，装备采购属于“经常—混合”型交易，这种交易类型对应的是一种双方治理模式。

从我国装备采购市场治理的具体实践来说，我国装备采购市场治理存在着法治环境不够完善、装备采购契约效力差、缺乏装备采购双方治理框架形成的法律制度基础；装备采购市场发育不完善、对装备采购交易属性认识不足、缺乏装备采购市场治理框架形成的契约主体基础；装备采购体制机制不完善、装备采购市场治理秩序紊乱、缺乏装备采购治理框架形成的体制基础等问题。这些问题的存在正是提出装备采购市场双方治理框架的现实依据。

总之，装备采购的交易过程持续时间比较长，而且专用性投资比较大。因此，交易双方之间往往会形成一种长期合作关系。也就是说装备采购契约具有关系性的特征。这一点可能会对装备采购过程中的竞争机制和监督机制产生一定的负面影响。但是从长远的视角来看，综合运用经济与社会的手段对这种合作关系进行有效的管理，促使装备采购市场形成良好的声誉机制，对装备采购市场治理也可以起到一定的积极作用。

第三章

装备采购市场治理：一个分析框架

治理的关键在于构建一种能解决潜在利益冲突，实现共同利益的交易秩序。Williamson（1991）将治理结构定义为一种制度框架，一次交易或一系列交易得以在这样的制度框架下顺利完成。市场和企业是这种制度框架的两极，治理市场中交易的制度安排是市场治理，治理企业中交易的制度安排是科层治理。在现实经济活动中，并不是仅仅存在这两种极端的交易形态，还有很多中间形态的交易，与之相对应的治理模式称为混合治理。现实经济交易治理模式还可以按照交易主体关系的密切程度划分为市场治理、三方治理、双方治理和科层治理四类。通过对四类治理框架的比较，我们发现双方治理是与装备采购市场比较匹配的治理结构。本章的目标是构建装备采购市场双方治理的分析框架。

第一节　装备采购市场双方治理的理论分析

一、装备采购市场双方治理框架选择的理论依据

（一）交易成本节约

经济的目的在于获取最佳经济效益。从另一侧面来讲，最佳的

经济效益就是实现最大的成本节约。在现实经济生活中，成本节约可以分为生产成本的节约和交易成本的节约两种。生产成本节约是新古典经济学分析框架主要解决的问题，它是生产函数边际分析的结果。这是一种边际的节约，属于二阶节约。交易成本的节约则是新制度经济学框架下制度分析最优化的结果。这是一种一阶节约，这种依靠组织创新和制度创新带来的交易成本的节约属于结构上的节约，这种成本节约有很大的开发空间。这种追求交易成本最小的一阶节约决定了最有效的制度安排（皮建才，2004）。在新古典经济学看来，并不存在组织效率问题，因为它们将制度视为外生的，因而基本不涉及一阶节约的问题。而视制度为内生的新制度经济学把组织效率分析作为其核心使命之一，其代表人物威廉姆森（2001）认为，通过优化组织结构和调整治理方式能够实现更高回报的一阶节约。下面我们用一个局部福利模型进行说明。

假定某企业在产量为 Q_1 时，最小平均生产成本为 C_0，但该企业由于组织效率不高，存在成本浪费 B（见图 3-1），此时产品价格为：

$$P_1 = C_0 + B \qquad (3-1)$$

现在假设该企业通过制度创新提高了组织效率，消除了浪费成本 B；并假设价格仍然为 P_1，产量仍然为 Q_1；成本节约带来的收益为：

$$W = B \cdot Q_1 \qquad (3-2)$$

即图 3-1 中矩形 W 的面积。

假设价格降为 P_2，即 $P_2 = C_0$，产量增加为 Q_2，分配效率得以增加，其收益为：

$$L = B \cdot \Delta Q/2 \quad \Delta Q = Q_2 - Q_1 \qquad (3-3)$$

即图 3-1 中三角形 L 的面积。

在这里，一阶节约就是通过制度创新提高组织效率带来的收益

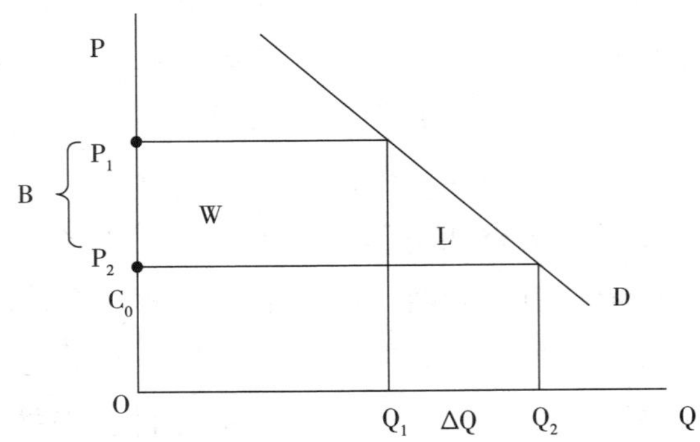

图 3-1　一阶节约与二阶节约

资料来源：威廉姆森．治理机制［M］．王健，方世建，等译．北京：中国社会科学出版社，2001.

W，二阶节约则是增加分配效率带来的收益 L。因为 Q>ΔQ/2，并且总有 W>L，那么一阶节约大于二阶节约。所以，能够实现一阶节约才是最佳的选择，选择最佳治理框架的目的就在于追求一阶节约。

（二）装备采购市场不同治理结构的特征

借助上述模型，我们清晰地看到交易成本的节约主要来自制度创新带来的组织对外部环境适应能力的提高和内部官僚成本的降低。双方治理是一种基于长期合作的交易关系，对于交易过程来说，主要通过价格机制的自动协调来适应外部环境，而双方之间的长期合作则需要管理协调的途径来对外部环境做出反应。再次说明，双方治理是介于市场治理和科层治理之间的混合治理模式。

如果能够通过市场机制来协调装备交易关系，即如果市场治理对装备采购过程有效，那么装备采购过程就能够实现最小的官僚成本。同时市场治理通过价格机制实现竞争，对装备采购双方的激励强度最大。但是，由于装备采购过程的特殊性，市场治理在装备采购过程中发挥的作用往往存在一定的局限性。因此，装备采购交易仅仅依靠市场治理是不现实的。科层治理通过权威来安排装备交易关系，官僚成本最高，而市场竞争激发的激励强度最小。装备采购市场的治理既需要有目的地管理协调交易过程中的各种关系，同时也需要最大限度地发挥市场机制对交易双方的激励作用。因此，对于装备采购来说，双方治理的官僚成本、激励强度居中，是一种理想的治理结构。从一阶节约的角度来看，这三种治理框架的特征如表 3-1 所示。

表 3-1　治理框架的特征

特征	市场治理	双方治理	科层治理
自动协调	强	中等	弱
管理协调	弱	中等	强
官僚成本	低	中等	高
激励强度	大	中等	小

资料来源：威廉姆森．治理机制［M］．王健，方世建，等译．北京：中国社会科学出版社，2001．

从表 3-1 可看出，市场治理、双方治理、科层治理三种治理框架各有利弊，面对不同的交易模式时，应进行有针对性的选择。市场治理的官僚成本最低、激励强度最大，有目的的管理协调功能难以实现；科层治理最适用于有目的的管理协调，却又不得不面对高额的官僚成本和最小的激励强度；双方治理则处在这两者之间。与市场治理相比，双方治理以牺牲激励强度来构建更深入的长期合作关系；与科层治理相比，双方治理以牺牲管理协调来实现更大的激励强度。对于装备采购市场这种以中间形态交易为主的市场结构而言，双方治理是一种理想的治理框架。

（三）装备采购的交易属性与治理框架选择

前文从一阶节约的原则出发，讨论了装备采购治理框架的选择依据。接下来将进一步结合装备采购交易的属性来分析其治理框架的选择。

1. 资产专用性对治理框架选择的影响

对于不涉及专用性投资的交易来说，交易双方的相互依赖性不强，市场的资源配置功能能够得到很好的发挥，通过自由竞争的价格机制能够高效实现自我协调，市场治理是最优的选择。这样能够以最低的官僚成本实现最大强度的市场激励。

由于在装备研制生产过程中会涉及大量的专用性投资，所以，装备采购过程可能发生根本性转变，使装备采购变成一种双边垄断，交易双方之间的依赖随之产生。而且，所涉及的资产专用性程度越高，交易双方之间依赖性越强，双方必须共同建立灵活的协调机制以适应外部环境的不确定性。那么，此时仅仅依靠市场治理的自动协调是不够的，还需要管理协调。这时仅靠市场治理难以实现最佳效果，需要在一定程度的自动协调基础上寻求一种能够实现一定管理协调的治理框架。因此，此时我们需要把关注点转向双方治理或科层治理。

下面将借用威廉姆森提出的资产专用性与治理结构关系模型来解释资产专用性与治理结构的选择关系。

将治理成本表述为专用性投资和一组外生变量的函数，以 s 表示资产专用性程度，以转移参数 ϖ 表示一组外生变量。

令 $M=M(s,\ \varpi)$ 为市场治理成本；$T=T(s,\ \varpi)$ 为双方治理成本；$H=H(s,\ \varpi)$ 为科层治理成本。设三个函数的约束条件都选择同样水平的资产专用性，根据前面的分析，可以得到以下比较成本关系式：

$$M(0)<T(0)<H(0) \tag{3-4}$$

$$M'>T'>H' \tag{3-5}$$

式（3-4）表示，当资产专用性为零时，市场治理成本最小，双方治理成本次之，科层治理成本最大。式（3-5）表示随着资产专用性程度的提高，双边的依赖性增强，自动协调作用越来越弱，而管理协调的作用逐渐增加。

依据式（3-4）和式（3-5）可以得到图3-2，三条包络线代表最小的治理成本。

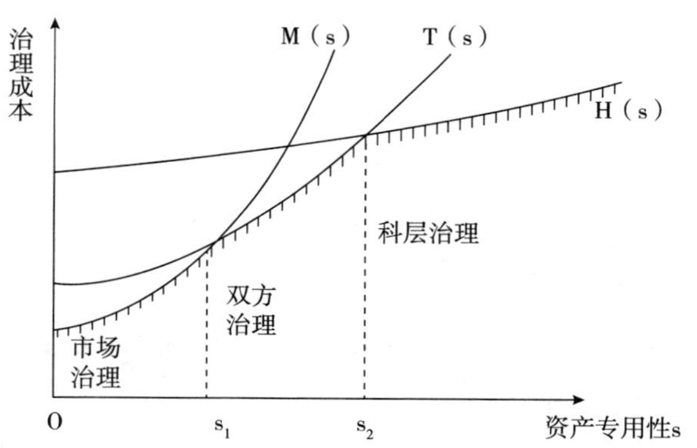

图3-2　资产专用性与治理框架选择

资料来源：威廉姆森．治理机制［M］．王健，方世建，等译．北京：中国社会科学出版社，2001.

根据图3-2可知，如果 s^* 是涉及某一交易的专用性资产的最优值，则有：当 $s^*<s_1$ 时，市场治理是有效的；当 $s_1<s^*<s_2$ 时，双方治理是有效的；当 $s^*>s_2$ 时，科层治理是有效的。

2. 不确定性对治理结构选择的影响

我们在分析资产专用性对治理框架选择的影响时，为了分析方便，我们假设不确定性对交易治理框架选择的影响无差异。但是，从实际情况来看，不确定性对不同交易治理结构选择的影响不同。不确定性对治理结构的影响可以用图3-3表示。

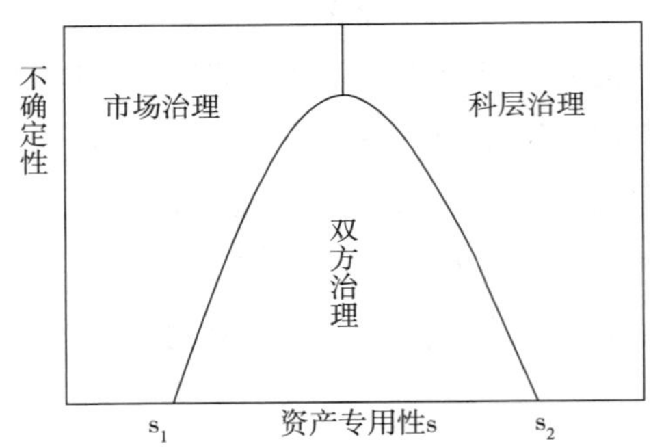

图 3-3　不确定性与发展框架

资料来源：威廉姆森．治理机制［M］．王健，方世建，等译．北京：中国社会科学出版社，2001．

装备采购过程存在较大的不确定性因素，但是，这种不确定性因素既没有高到要寻求科层治理的程度，也没有低到可以进行市场治理的程度。因此，结合不确定性的分析，双方治理框架是装备采购市场的最优治理框架。

综上所述，对作为涉及专用性投资和较高不确定性程度的装备采购过程来说，需要采用专门的治理框架。这种专门治理结构的选择主要是由装备采购交易过程的资产专用性程度、不确定性程度和交易频率所决定的交易属性。因此，从装备采购交易属性的角度来看，双方治理框架也是装备采购市场治理的理想契约机制。

二、关系契约框架构建的基本假设

（一）需求方和承包商都是有限理性的

有限理性是从人的认知能力角度来描述的。西蒙（Simon，1957）利用有限理性这一术语来强调决策者并非无所不知，而是在信息加工方面存在实际困难。人的有限理性，一方面从人类本身属性来讲，任何人的知识和能力都存在一个极限，而且任何人都不可能通晓古今、洞悉未来。另一方面从人类所面临的客观环境来讲，环境是十分复杂的，充满了未知、不确定性和信息的不对称性。交易成本理论假定人是有限理性的，并强调既要重视"有限"又要重视"刻意为之"这两方面的含义（威廉姆森，2002）。因此，对于复杂而又涉及大量专用性投资的装备采购过程来说，需求方和承包商都是有限理性的假设是合理的。

（二）机会主义行为倾向

机会主义行为倾向是从人的动机和行为角度来刻画的。即人总是追求私利，而且是"狡诈地追求自我利益"。机会主义行为通常是那些有意歪曲信息或不充分揭示信息以获取私利的行为（威廉姆森，2002）。机会主义行为是双方治理模式最大的障碍，只要一方采取了一次机会主义行为，就可能导致原来建立的长期稳定的合作关系破裂。因此，对机会主义行为进行预防、甄别、约束和惩罚是实现长期稳定合作、提高组织效率的基本要求。在市场经济条件下，装备采购市场交易双方都是独立的市场主体，都有各自的利益追求。因此，它们都存在机会主义行为倾向。

（三）契约不完全性

在现实世界中，契约总是不完全的。在签约时，契约主体不能而且也无法完全预料到缔约后的情况。契约在履行过程中会遇到什么问题往往是未知的，尤其是对于比较复杂的装备交易过程而言。履约过程中出现的问题，有些可以通过双方协商解决的，有些需要第三方介入，有些甚至可能导致合作关系失败。人的有限理性和机会主义行为倾向使交易过程中的签约和履约机制可能面临困难，交易过程就需要一定的制度框架来保护，因此治理框架理论应运而生。关于"契约人"假设与交易治理的关系我们可以用一个简单矩阵图来表示，如图 3-4 所示。

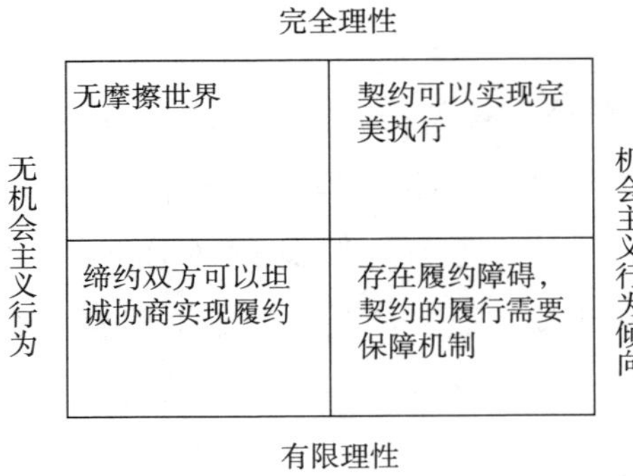

图 3-4 “契约人”假设与契约治理

交易成本经济学认为，人可以发挥学习能力强的特长，对未知的情况和风险进行预知，并在综合考虑各种风险因素后选择一个有针对性的治理框架来克服有限理性和机会主义行为倾向的消极影响。这也是本书研究的一个基本逻辑。在装备采购市场双方治理过程中，需求方和承包商会对那些处于完全信息并且能够以正式契约条款加以明确的权利和义务在正式契约中加以明确，并且最大限度地对装备采购过程中可能出现的不确定性事件做出预防性规定，尽量确保交易安排的合理性。然而，由于装备采购本身的复杂性和装备的高技术性，以及装备采购市场交易双方的有限理性，他们无法预见装备采购过程中可能出现的各种风险，不可能对交易过程中的一切问题做出详尽的制度安排，因而装备采购契约注定是一个不完全契约。在缔约以后，双方必须结合装备采购过程中出现的各种具体问题对契约进行及时调整，促使装备采购的顺利完成。

三、关系契约与装备采购市场双方治理的基本思路

契约作为一种交易的激励约束框架，它本身就是一种治理工

具。契约通过对产权的界定、收益的分割以及交易风险的担保，对交易主体的机会主义行为倾向进行约束和限制。但是契约总是不完全的，不可能完全依靠正式的契约对交易进行治理。正如 Al-Najjar 和 Nabil（1995）所强调的："在任何给定的契约关系中，行为的某些方面由明确的契约来治理，而其他方面则由替代性工具来治理。"下面我们将详细分析装备采购关系性交易的双方治理框架问题。

（一）关系契约的内涵

在前面的分析中，我们已经提到了关系契约的概念，但是并没有对这个概念进行正式的界定。在这里我们将对关系契约进行明确界定。

经济学视野中的关系契约思想源自美国法学家麦克尼尔提出的关系契约理论。这一理论把交换行为深深根植于人们所处的社会环境中进行理解，并根据不同的人类行为方式总结了人类之间交易的缔约方式。他认为每一项交易都内嵌于复杂的社会关系中。理解、治理交易都要从它所包含的关系入手。这种强调交易过程中的社会关系的理念，形成了一种关系契约的契约法思想。

关系契约是基于未来关系价值的一系列非正式的协议（Baker、Gibbons & Murphy，2002）。企业间重复交易契约的经济内容复杂多变，各方的权利和义务在事前无法完全明确，在事中或事后更是无法验证，使正式规则发挥作用的空间受到了极大限制，需要用非正式的规则减缓或消除这种外部不经济性（连建辉和赵林，2004）。企业间的许多关系需要依靠精巧的关系契约来维系，"这种契约常常在开始时只是一个框架，其内容在市场过程中是不断依靠人际沟通技巧来逐步充实并实施的"（刘东和徐忠爱，2004）。正式契约条款所依据的是事后可以由第三方（如法庭）验证的指标，当契约标的仅仅可以被当事人事后感觉到由第三方验证所需成本高昂时，关系契约就产生了。也就是说，关系契约是“不可缔约”的契约，其标的的不可验证性是针对缔约双方以外的第三方而言的。正是由于标的对于第三方来讲不可验证，所以被称作“自执行的契约”（Ray，2002）。Furubotn、Richter 和 Lozano（1998）认为，关系契约最大的特点在于契约条款的灵活性，它不试图考虑所有将来事态的长期约定。在这里，契约双方之间的过去、现在或将来的关系非常重要，它一方面强调正式契约作为参照物的重要性，另一方面整合了重复交易关系的理念。当缔结或履行一个完全契约存在很大成本时，关系契约就可能成为交易双方比较合适的选择。关系契约的优势在于其具有克服正式契约在签订和实施中的困难。

目前，人们对关系契约的定义可以总结为以下三种观点：一是仅仅明确一般条款和关系的目标，并明确规定了处理争端决策机制的契约。这个定义的出发点是契约的不完全性。二是指对个人行为产生重大影响的非正式约定和未写明的行为规范（Baker、Gibbons & Murphy，2001），这个定义的出发点强调了交易中契约外的部分。三是不试图考虑所有将来的事态，而是长期的约定，在这里契约双方之间的过去、现在或将来的关系非常重要（Eirik、Richter & Rudolf，1998）。这个定义是上述两个定义的混合形式，它一方面强调了正式契约作为参照物的重要性，另一方面整合了重复交易关系的理念。总的来说，它是基于自我履约的一种灵活的双方治理框架。它根植于交易双方一个特定的环境，在这个环境中，这些条款不能由第三方（如法院）实施。例如，一个正式契约必须事前予以明确的规定条款，这些条款事后能被第三方验证。而一个关系契约可能是基于仅由交易双方可观察的结果达成的承诺，或者是由于事前详细明确这些结果需要很高的成本。由此可见，一个关系契约允许双方利用各自具体状态下的具体知识，并努力去适应不确定消除后所获得的新情况。基于同样的原因，关系契约不能被第三方实施，必须是自我实施的，所以将来关系的价值必须充分大，以至于没有一方愿意违背诺言。

本书认为，关系契约是指在重复交易的基础上，基于长期合作关系，对交易双方产生重大影响的非正式协议和未写明的行为规范的总和。

（二）装备采购市场双方治理的基本思路

沿着关系契约的分析思路，装备采购市场的双方治理就是要构建灵活的契约治理框架，以适应装备采购过程中出现的根本性转变。装备采购市场双方治理既要强调对事前竞争机制的运用，又要强调对事后形成的双边垄断交易形式的治理。因此，装备采购市场双方治理框架的基本思路是交易双方根据具体采购项目的需要，以关系契约为主要工具，构建一种基于关系契约自我履行的、灵活的装备交易治理契约框架。

第二节　装备采购市场双方治理框架的构建

装备采购市场双方治理框架是一种介于市场治理和科层治理之间的混合模式。这种框架的基本思路是针对装备采购市场所面临的信息不对称以及装备研制中不确定性等因素的影响，构建一个基于长期合作的关系契约治理框架，将装备采购的核心要素——价格、进度和质量纳入这个灵活的治理框架，通过长期合作关系的建立来缓解装备采购市场所面临的“涨(价格)、拖(进度)、降(质量)”困境。

一、装备采购市场双方治理：关系契约框架缔结

装备研制过程具有较大的风险性和不确定性，相对于第三方（如法庭）而言，在装备采购过程中，承包商的行为具有很大的不可验证性，容易出现机会主义行为。因此，基于关系契约的治理框架在装备采购中具有十分重要的意义。本节的目标是验证装备采购市场中交易双方之间关系契约的存在性和有效性，即通过研究发现需求方可以与承包商缔结一个基于对研制装备价值预期的关系契约，并且承包商基于对长期合作中丰厚收益流的预期也愿意缔结关系契约，并努力履行，以寻求长期合作关系的建立。通过构建一个由交易双方参与的重复博弈模型，分析它们在重复博弈条件下的行为策略以及履约条件。

为了简化分析，考虑在装备采购市场中，有一个买方（需求方）是委托人，有一个卖方（承包商）是代理人。经过调查，买方认为卖方具有良好的市场声誉和相应的研发能力，买方决定向卖方提供一个某型号装备的采购契约。为了简化分析，假设买卖双方都是风险中性的。我们通过一个标准的关系契约来分析买方和卖方的长期互动，每个时期可以用一个即时契约来刻画，这个关系契约是由无限序列的即时契约组成的。假定在合作的每一期，承包商所研制的装备对需求方的价值状态只有两种：高价值（V_H）和低价值（V_L），这对于交易双方来说都是共同知识，只是很难在正式契约中予以明确描述。所研制装备的技术价值的期望值主要取决于承包商的努力程度，如果承包商付出的努力程度高，研制装备实现高技术价值状态的概率就高；反正不能低于正式契约所规定的技术标准。假设实现高价值状态的概率是$p(e)=\beta e$，其中 β 是承包商努力的生产率系数，$\beta>0$，$V=\begin{cases}V_H, & \beta e\\ V_L, & 1-\beta e\end{cases}$。

当然，承包商付出努力是有成本的，会导致自身效用的降低。我们假设承包商努力的成本函数为 φ(e)，同时假设 φ(e) 满足标准假定：$\varphi(e)'>0$，$\varphi(e)''>0$。对于需求方或者第三方（如法庭）来说，承包商付出的努力程度是不可验证的，因此无法写进正式契约。

需求方为了采购到高技术价值状态的装备，需要对承包商进行激励。具体来说，如果在每个合作期末，需求方觉得承包商研制出的装备达到了高的技术状态 V_H，那么就向承包商提供一份奖励（奖金或者一种长期合作关系）[①]，记为 $R>0$，否则，如果认为承包商提供的装备技术状态只实现了 V_L，就中止与承包商的合作关系，不再向承包商提供任何采购契约。在这里我们将这种惩罚措施物化为对承包商进行“罚款”，即提供负奖金（-R），即形成关系契约为（R，-R）。由于装备研制生产所涉及的大量专用性投资都是由政府补偿的，而且政府也承担了部分研制风险，因此能够成为与需求方长期合作的核心承包商，对于承包商是很有吸引力的。因此，考虑到将来长期合作的机会，承包商往往会同意这种对称性关系契约。[②]

如前所述，这份关系契约建立在长期合作关系之上，是装备采购市场中交易双方的重复博弈过程。在这里，我们假设双方都采取触发策略：一旦一方有违约行为，守约者将不再与违约者缔结任何关系契约，双方的合作只能签订正式契约。这种威胁常常是可置信的。因为违约以后，承包商就不会付出努力来实现低价值的状态，也就得不到奖金，收益为 0；而需求方虽然不用支付奖

① 其实需求方对承包商的激励，不仅仅是一份奖金，还是承诺同承包商可以建立一种长期的合作关系，成为装备采购的核心承包商，这也体现了关系契约的根本特征。在这里为了分析方便，把这种长期合作关系的承诺物化为一笔奖金。

② 需要说明的是，这种是有别于正式契约的非正式协议，是双方基于声誉而建立的一种长期合作关系。也就是说，即使每一期末有一方拒绝兑现承诺，也不会受到第三方（如法院）的制裁。

金，但是只能得到低价值状态的装备。

在关系契约下，每期合作承包商的效用函数可以近似表示为：

$$U^S=\beta eR+(1-\beta e)(-R)-\varphi(e) \tag{3-6}$$

同样，每期合作需求方的效用函数可以近似表示为：

$$U^B=\beta e(V_H-R)+(1-\beta e)(V_L+R) \tag{3-7}$$

因此，在前述关系契约下，承包商的目标函数为：

$$\max_e[\beta eR+(1-\beta e)(-R)-\varphi(e)] \tag{3-8}$$

由式（3-8）可以得出承包商的最优努力程度，用 e^* 表示。所以承包商的净收益可以表示为：

$$\varpi_S=\beta e^*R+(1-\beta e^*)(-R)-\varphi(e^*)=2\beta Re^*-R-\varphi(e^*) \tag{3-9}$$

同时，需求方的净收益可以表示为：

$$\varpi_B=\beta e^*(V_H-R)+(1-\beta e^*)(V_L+R)=\beta e^*(V_H-V_L)-2\beta Re^*+V_L+R \tag{3-10}$$

二、关系契约框架下装备采购市场的双方治理过程

装备采购存在巨大的利益问题，充满了各种各样的博弈，如果交易双方缔结了关系契约，即交易双方在正式契约的基础上，承诺根据双方可观测但第三方不可验证的装备价值状态决定奖惩（孙兆斌、金从海和彭雷，2011）。那么，只要承包商足够重视自己的声誉和持续合作的潜在收益，这种关系契约就会给承包商以激励。前文所描述的对称契约模型是否存在？如果存在，会受什么因素的影响？这就需要对交易双方的博弈行为进行分析。假定这一类型的装备采购市场只有这一对买方和卖方，那么，触发战略假定意味着一旦有人违约，需求方就永远只能得到低价值的装

备产品，而承包商也将永远得不到奖金（王安宇、司春林和骆品亮等，2006）。下面就通过分析交易双方在关系契约框架下的行为来探讨装备采购市场的双方治理过程。

（一）需求方的行为分析

对于需求方来说，如果整个时期履行承诺的关系契约，那么当期就得支付奖金，不过，以后各期就可以得到净收益 ϖ_B。如果违约，那么当期不用支付奖金，但会导致承包商以后不与自己缔结关系契约，只能采购低价值状态的装备，所以记 δ_B 为需求方收益的贴现因子，那么需求方遵守契约所能得到的净现值为：

$$[(1-\beta e^*)R-\beta e^*R]+[\delta_B\varpi_B+\delta_B^2\varpi_B+\cdots]$$

$$=[(1-\beta e^*)R-\beta e^*R]+\frac{\delta_B}{1-\delta_B}\varpi_B \qquad (3-11)$$

违约后净收益的现值为：

$$\delta_B V_L+\delta_B^2 V_L+\delta_B^3 V_L+\cdots=\frac{\delta_B}{1-\delta_B}V_L \qquad (3-12)$$

显然，需求方遵守契约的条件为：

$$[(1-\beta e^*)R-\beta e^*R]+\frac{\delta_B}{1-\delta_B}\varpi_B\geqslant\frac{\delta_B}{1-\delta_B}V_L \qquad (3-13)$$

这里除了 δ_B 外，其他变量都是定值，为了方便计算，我们不妨在这里假设 $\varphi(e)=a(\lambda e)^2$，其中 a 为常数，λ 为承包商努力的成本系数，a>0，λ>0。因此，可以从式（3-8）中求出 $e^*=\frac{\beta R}{a\lambda^2}$，我们可以整理出政府贴现因子的临界值：

$$\delta_B=\frac{2\frac{\beta^2}{\lambda^2}R-a}{\frac{\beta^2}{\lambda^2}(V_H-V_L)} \qquad (3-14)$$

这个结果表明，研制装备的两种价值状态之差越大，装备研制的不确定性就越大，因此需求方倾向于选择较低的贴现因子，即较高的贴现率。也就是说，$\frac{\partial\delta_B}{\partial(V_H-V_L)}<0$。激励强度越大，承包商就会付出更大的努力来研制高价值的装备，这会增强需求方对未来取得高价值装备的信心，所以承包商就会选择较高的贴现因子（较低的贴现率），即$\frac{\partial\delta_B}{\partial R}>0$。同时，承包商努力的相对效率高，需求方就有理由相信一定的努力水平会使其以更高的概率取得高价值的装备，所以会选择较高的贴现因子，即$\frac{\partial\delta_B}{\partial(\beta^2/\lambda^2)}>0$。

（二）承包商的行为分析

对于承包商来说，如果在某期遵守关系契约，就可以得到奖金或者支付罚金，但是可以与需求方建立长期的合作关系，成为核心承包商之一，今后就可以得到净收益 ϖ_S。如果违约，当期不支付罚金，但导致需求方在以后各期不与之缔结关系契约，即以后各期的收益为0。所以，如果记 δ_S 为承包商收益的贴现因子，那么承包商遵守关系契约所能得到的净收益的现值为：

$$[\beta e^*R-(1-\beta e^*)R]+[\delta_S\varpi_S+\delta_S^2\varpi_S+\cdots]$$

$$=[\beta e^*R-(1-\beta e^*)R]+\frac{\delta_S}{1-\delta_S}\varpi_S \tag{3-15}$$

违约的收益现值为0，所以当式（3-16）成立时，承包商会遵守契约。

$$[\beta e^*R-(1-\beta e^*)R]+\frac{\delta_S}{1-\delta_S}\varpi_S\geqslant 0 \tag{3-16}$$

把 e^*，ϖ_A 等带入式（3-16），整理出承包商的贴现因子临界值为：

$$\delta_S = \frac{2\frac{\beta^2}{\lambda^2}R - a}{\frac{\beta^2}{\lambda^2}R} \tag{3-17}$$

从式（3-17）可以看出，承包商在决定贴现因子时，不会去考虑装备价值状态的高低，因为这在很大程度上是需求方的事情，而仅关注自己努力程度的相对效率以及奖惩幅度的大小。具体来讲，如果付出的努力相对效率大一些，那么付出一定努力研制出高价值装备的概率就大一些，从而获得奖金就多一些，也就是取得未来收入的不确定性就小一些，因而会选择较高的贴现因子，即$\frac{\partial \delta_S}{\partial(\beta^2/\lambda^2)}>0$，另外，如果需求方提供的激励强度很大，那么承包商就应该付出更大的努力，以便增加获取奖金或减少惩罚的可能性，如此，未来收益的不确定性就小一些，这样就可以选择较高的贴现因子，即$\frac{\partial \delta_S}{\partial R}>0$。

（三）装备采购市场双方治理过程中关系契约激励的特征

在双方治理框架下，关系契约是自我执行的，不是依靠第三方强制实施的，只有符合双方利益的契约才可能被履行。因此，关系契约应该满足激励相容原理。对于关系契约（R，-R），可以自我履约的条件就是式（3-13）和式（3-16）同时成立。

在取临界值的情况下，激励相容条件可以分别简化为式（3-14）和式（3-17）。即承包商和需求方需要选择相同的贴现因子。

如方程组 3-18 所示。这样关系契约的存在问题就可以抽象为看方程组 3-18 是否有正数解。解方程组 3-18 得到：

$$\begin{cases} \delta=\dfrac{2\dfrac{\beta^2}{\lambda^2}R-a}{\dfrac{\beta^2}{\lambda^2}(V_H-V_L)} \\ \delta=\dfrac{2\dfrac{\beta^2}{\lambda^2}R-a}{\dfrac{\beta^2}{\lambda^2}R} \end{cases} \tag{3-18}$$

$$R=V_H-V_L \tag{3-19}$$

因为 $V_H>V_L$，所以 $R>0$。也就是说，前述的关系契约是存在的，具体为 $\{V_H-V_L, -(V_H-V_L)\}$。

因此，需求方可以与承包商在正式契约中明确研制装备必须达到的基本要求，在此基础上，针对装备研制不确定性大的特点，利用关系契约来激励承包商投入更大的努力程度，以实现更高的装备采购效率。

我们可以得出如下结论：在装备采购过程中，关系契约激励只与所研制装备可能实现的价值状态有关，即与装备研制的不确定性（风险性）以及装备性能有关。因此，对于需求方来说，在采购具有较高应用价值的大型系统时，既要注重正式契约的签订，也要运用更加灵活的关系契约激励。

综上所述，由于装备交易的特殊属性，在装备采购市场治理过程中，通过缔结关系契约来构建双方治理框架是可行的。在双方治理框架下，对于可缔约条件采取明确的正式契约，对于具有第三方不可验证性等特征的不可缔约条件，就可以通过缔结关系契约形成灵活的事后协调框架来实现装备采购交易过程的有效治理。因此，通过缔结关系契约，就形成了装备采购市场双方治理的基本框架。

三、装备采购市场双方治理的本质

根据交易成本理论的分析，装备采购过程中的专用性投资通过关系契约的自我履行，可以在没有外力执行机制（如无法律保障）的情况下得到保障。威廉姆森曾提出，使用“抵押”是达到相互依赖平衡的主要权宜之计。在装备采购过程中因对专用性资产进行投资而变得脆弱的需求方从承包商那里收到抵押。抵押能确保另一方遵守契约。因为承包商如果不遵守契约，就会失去抵押。威廉姆森的贡献在于指出了关系契约存在的原因，关系契约是由于资产专用性产生的不完全契约，就是用抵押品创造可置信承诺来支持交易。关系契约的私人安排是多样的，除了抵押品、品牌资本和声誉等自执行机制外，还存在以牙还牙策略、第三方私人实施机制、规制和一体化等多种形式。透过这些安排的表象，我们可以发现关系契约的本质在于自我履行机制。这也是装备采购市场双方治理的本质。

第三节　装备采购市场双方治理框架的嵌入性解读

经济学家对交易治理的认识，基本上还是遵从内生的、算计理性的逻辑。麦克尼尔提出的关系契约概念，强调了交易的社会属性及其所包含的社会关系因素。因此，新经济社会学家为交易的治理，尤其是为关系性交易的治理，提供了一个新的视角，即嵌入性视角。

一、嵌入性的内涵

嵌入性分析体现了对经济现象更为全面与合理解释的诉求（林竞君，2005）。嵌入性概念首次出现在《大转型》一书中，这是经济史学家波兰尼在1944年出版的著作。这一概念提出以后，波兰尼（Polanyi，1959）在他自己的论文《经济：制度化的过程》（*The Economy as Instituted Process*）中对这一概念做了更透彻的阐释。他指出，“人类经济嵌入并缠结于经济与非经济的制度之中。将非经济的制度包容在内是极其重要的。对经济的结构和运行而言，宗教和政府可能与货币制度一样重要，或者与工具和机器本身的可用性同样重要，这些工具和机器可以减轻劳动的强度”。波兰尼提出这个概念主要是结合自己对经济史的研究，是对新古典理论醉心构建完美的竞争模型而忽视从现实经济生活中寻找灵感的研究状况的一种批评和提醒，并呼吁经济学家应该加强对制度以及制度对人的经济行为影响的研究。他的思想提出以后，并没有在经济学界引起共鸣，反而得到了社会学家和历史学家的响应。波兰尼的嵌入性概念在社会学家中引起了共鸣，受到了特别重视，引起了广泛的讨论。20世纪80年代，格兰诺维特（Granovetter，1985）成为推崇波兰尼嵌入性思想的代表人物。他的重要论文《经济行动和社会结构：嵌入性问题》（*Economic action and social structure*：*The problem of embeddedness*）发表在《美国社会学杂志》。这篇论文成为把嵌入性概念引入理论化和操作化探讨的权威文献，使嵌入性视角从此受到了更广泛的重视，并逐步发展为美国新经济社会学的一个基础概念。

在很长的一段时期内，学术界普遍认为随着现代化进程的演进，在前市场化社会阶段深深嵌入社会关系之中的经济行为开始越来越自主、独立。在现代社会，经济交易不再是通过交易双方的社会或亲缘关系来界定，而是通过追求自身利益最大化的理性计算来界定。格兰诺维特对古典和新古典经济学都以理性、自利不受社会关系影响为基本假设进行了批判，他提出了深化的嵌入性论断：行为和体制是通过社会关系来分析的，并且如此强地受限于社会关系，以至于把行为和体制解释为独立性的做法是一种严重的误解（王颖，2007）。

格兰诺维特克服了新古典经济学家"社会化不足"和一些社会学家、人类学家及历史学家"过度社会化"的倾向，他认为这两种貌似对立的倾向本质上都是一种"原子化"个体行动观点。在经济学的观点中，原子化是完全自主、主动的，原子化的人只代表了他自己；在社会学观点中，原子化则是完全被动的，个人及其行为成为一个无法表达自己的机械的社会符号。因此，将行为主体的现实决策与他的历史、现在与未来所处社会情境割裂开来，忽视社会现实中各种关系网络和各个行为主体之间相互作用的影响，是"社会化不足"和"过度社会化"所犯的共同错误。

格兰诺维特认为，必须充分考虑社会关系网络对经济行为的影响和制约，以弥补上述行为主体原子化假设的缺陷。每个行为个体都处在一定的社会网络中，每个个体的经济决策总是在与其他个体的联系中做出。因此，通过把社会网络这一因素纳入经济行为分析框架，强调社会关系对经济行为的积极影响，这样既弥补了经济行为分析中完全不考虑行为主体之间相互影响的原子化假设的不足，也能够避免社会学的个人机械行动理论。格兰诺维特强调行为主体是在具体的、动态的社会关系制度中追求自身多重目标体系的实现。因此，他从关系的历史嵌入性和结构嵌入性两个维度来解释经济行为和行为主体在社会中的处境，批评了行为主体会脱离社会背景孤立行动，或者完全受社会限制、按社会外在的规范机械行事的两种极端思想。在格兰诺维特看来，从历史嵌入来看，其行为不容易与关系自己的历史割裂；从结构嵌入来看，其行为不容易和与之相关的群体行为割裂。

后来，格兰诺维特（1992）又提出了关系嵌入和结构性嵌入的分析框架，对嵌入性概念进行了进一步的深化。关系性嵌入主要强调行为主体与其他主体互动形成的关系网络对行为主体经济行为的影响。例如，行为主体与经济决策和行动可能会持续人际关系网络中的某些因素，如各种规范性的期望、对相互赞同的渴求、互惠原则等。从更宏观的视角来看，每个行为主体所在的网络又是与其他社会网络相联系的，并构成整个社会网络结构。所以，行为主体及其所在的社会关系网络是嵌入由其构成的社会结构之中的，那么来自社会结构的文化、价值等因素会对行为主体及其所在的网络产生影响，这就是结构性嵌入的内容。格兰诺维特认为，正是这两种嵌入性使经济行为主体之间产生了信任和互动，限制了机会主义行为，保证了交易的顺利实现（王颖，2007）。

二、装备采购市场双方治理的嵌入性视角

装备采购市场的双方治理，其实是一种介于市场治理和科层治理之间的中间框架，这是一种基于交易双方良性互动的灵活治理机制，它更多依赖彼此的默契、信任、承诺等关系规范来防止可能发生的机会主义行为。根据麦克尼尔等的观点，在关系性交易中，契约能否有效履行主要取决于双方在交易过程中形成的关系规范。麦克尼尔对关系契约治理做过这样的表述，“我们无法完全对关系契约进行规划，但有可能对其结构进行规划”，关系契约的运行不仅依赖于对治理结构的事前规定、理性规划，还“依赖于一些社会过程和社会规范”。因此，单纯从经济学的逻辑来分析并不能很好地说明装备采购市场双方治理框架。装备采购市场的双方治理应该走出纯经济学的理性逻辑，从在装备采购过程中

形成的关系规范入手，去寻找实现装备采购双方治理最佳效益的途径。

双方治理的嵌入性视角本质是指在装备采购过程中，通过交易双方的良性互动和社会外部规范的内部化来形成装备采购市场双方治理所需要的关系规范。关系规范是影响装备采购市场双方治理的社会性因素的综合。

实现自我履行是关系规范的首要特征。自我履行是关系契约得以导入关系规范并成为其实质内容的关键，是关系契约自我履行机制的基本来源。自我履行的本质是契约主体通过自律实现契约履行的期望。与关系契约的自我履行机制一样，体现出一种非正式的私人秩序的特征。

长期导向性是关系规范的第二个特征。关系规范的形成不是短期能够实现的。长期导向性对契约的履行和关系行为都有重要的影响，导致了更多的显性契约、规范契约以及更多的关系行为。关系规范的长期导向性体现为对合作预期的将来导向，而且由此形成的合作关系本身是长期的。当存在着对关系继续的期望时，就能培育出关系行为（Lusch & Brown，1996）。

动态性是关系规范的第三个特征。人类社会在不断演进，因此作为人类社会精神文明成果的价值和规范系统也是一个不断演化的过程，而且各行为主体和社会网络之间的互动能够推动它们的持续建构和再建构。它们自身的发展不是一劳永逸的，它们的影响也不是一次性的，而是永久性的。因此，关系规范具有动态性特征（王颖，2007）。

多元性是关系规范的第四个特征。多元性是指关系规范的具体类型是多样的。麦克尼尔在《新社会契约论》中对关系规范的经典分类被广为认可与借鉴，包括了十种中间性规范，它们又可以归纳为五种关系性规范，这些规范所约束的行为内容是不同的，几乎涵盖了关系契约和关系行为的全部内容。

嵌入性的关系契约通过两种途径来生成关系规范：关系内生和社会规范的内部化。关系规范在装备采购市场双方治理中的作用机理表现为：关系规范借助关系契约的载体导入，从而成为装备采购市场双方治理的实质内容与准则，成为激励和约束交易双方的重要行为规范。

三、装备采购市场双方治理框架的拓展

通过对前述框架的整合分析，装备采购市场的双方治理框架可以拓展为一个基于关系契约与嵌入性分析相融合的开放性交易治理平台。即装备采购市场的双方治理既要考虑经济性因素对装备采购的影响，又要考虑社会性因素对装备采购的影响。它的基本框架可以用图 3-5 来表示。

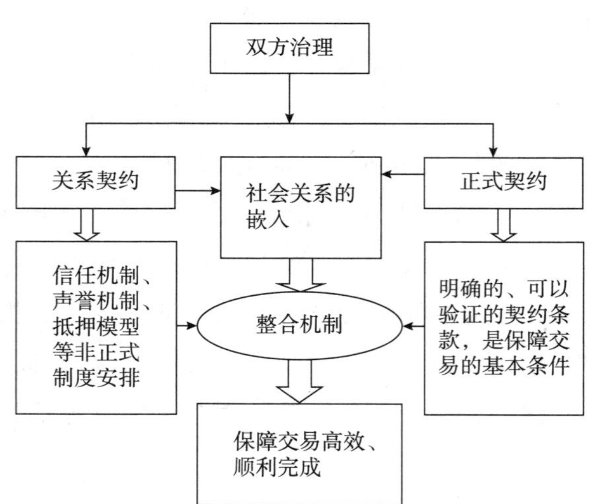

图 3-5　装备采购市场双方治理的基本框架

第四节　本章小结

本章的目标是为装备采购市场的双方治理提供分析框架和理论支撑。首先，从装备采购过程中的交易成本节约（一阶节约）和装备采购过程中交易属性两个方面来论证装备采购双方治理框架的合理性。根据装备交易的具体过程，提出了构建装备采购市场双方治理框架的基本假设，即有限理性、机会主义动机和契约不完全性。在这些假设的基础上，结合关系契约思想，形成了装备采购市场双方治理的基本思路。其次，在基本思路的指导下，通过交易双方之间关系契约的缔结来构建装备采购双方治理的基本框架。本章的理论分析表明，在装备采购过程中，交易双方完全可以依据采购装备的价值状态来缔结关系契约，以应对装备采购过程中可能出现的不确定性和机会主义行为。因此，关系契约是实现装备采购市场双方治理的基础，关系契约的缔结为装备采购市场双方治理搭建了基本框架。最后，引入新经济社会学的嵌入性分析视角对装备采购市场的双方治理过程进行了深化和拓展，不再仅仅把装备采购看作一个独立的交易过程，而把它放在更广阔的社会环境中来审视，综合考虑装备交易过程中经济性和社会性因素对治理过程的影响，使装备采购市场的双方治理框架更贴近现实，更具有说服力。

第四章

装备采购市场双方治理框架的实现路径

装备采购是复杂的系统工程，装备采购市场需要综合的系统治理。本章在双方治理框架下，主要从装备采购过程中最重要的三个指标——价格、进度、质量入手，探索装备采购市场双方治理的实现路径。

第一节 贝叶斯学习过程与价格契约机制

装备价格是影响装备采购市场治理成效的关键指标。装备采购市场治理首先要实现装备采购价格的治理。采购价格的治理着眼于装备采购市场面临的“价格上涨”困境，并在关系契约框架下，寻求最佳的装备采购价格。一种较好的途径是采购双方进行重复谈判，从而能很好地避免现行定价模式下的棘轮效应（梁新、张怀强，2011）。根据这一思路，在双方治理框架中，运用动态贝叶斯学习机制来模型化装备交易的价格谈判过程，进而分析交易双方如何通过贝叶斯学习不断修正对对方保留价格的认识，采取更有效的报价策略，获取最优的装备价格。

一、贝叶斯动态学习过程的理论分析

在具体装备采购的价格谈判中，交易双方按照一定的先后顺序轮流出价，一般是承包商先给出该套装备系统的初步价格，然后需求方根据这个价格与自己的保留价格进行比较，决定是否接受承包商提出的价格。如果需求方接受这个价格，那么装备采购价格契约就得以确立；如果拒绝接受这个价格，需求方可以再给出一个报价，双方就价格继续进行谈判，直至谈判双方都可以接受，装备采购的价格确立得以完成。在这个装备采购过程的报价博弈中，对交易伙伴信息掌握的准确程度直接关系到博弈者的报价策略，从而决定装备采购的效率。通过引入贝叶斯学习模型，交易双方可以通过学习动态交易信息来提高对对方的认识，从而在新一轮的博弈中提出更准确的预期报价，使装备采购价格谈判更有效率。

贝叶斯学习模型，其实质是学习者根据所获得的信息，利用贝叶斯公式修正对学习对象的先验认识。在有限重复博弈中，每个参与人从对手行动战略的主观信念开始行动，如果个体的主观信念与真实选择的战略相容，那么贝叶斯修正可以促使形成对博弈中参与人未来策略的准确预测（Kalai & Lehrer，1993）。因此，在装备采购过程中，完全可以引入贝叶斯学习过程来修正采购双方议价过程中对对方保留价格的信念，从而提高装备采购的交易效率。在装备采购过程中，交易双方的学习要素主要包括以下内容（谭忠富等，2009）：

第一，学习对象。一般来说，装备采购市场中交易双方都有并且知道自己对某一装备系统的保留价格，但完全是私人信息，不为对方所知。因此，我们选取对方的保留价格作为各自的学习对象。即需求方以承包商对该套装备系统的保留价格为学习对象，承包商以需求方对该套装备系统的保留价格为学习对象。

第二，先验知识。在明确了学习对象之后，交易双方将对保留价格的概率分布进行估计，这个估计值就成为交易双方各自的先验知识。

第三，贝叶斯信念。贝叶斯信念是指交易双方学习如何判断对手的报价策略。例如，需求方可能按低于保留价格的50%报价，而承包商可能按高于保留价格的40%报价，等等。

第四，条件概率。条件概率是指交易双方根据各自的贝叶斯信念和收到的信息，判断对方在每种可能的保留价格情况下给出相应报价的可能性。这是交易双方修正对对方认识的依据。

第五，后验概率。后验概率是指交易双方根据获得的条件概率和先前估计的先验概率，采用贝叶斯公式计算得到的概率，既是交易双方本轮学习的结果，也是下一轮学习的先验知识。

二、装备价格讨价还价的贝叶斯学习过程

在双方治理框架下，在进行讨价还价之前，交易双方都对所采购装备有个保留价格。交易双方的保留价格分别表示为 γ_m 和 γ_c。γ_m 表示需求方愿意支付的最高价格，γ_c 表示承包商愿意接受的最低价格，这些都是私人信息。价格谈判就是围绕这些保留价格进行博弈。也就是说，只有当需求方的报价高于承包商的保留价格 γ_c 时，或者承包商的报价低于需求方的保留价格 γ_m 时交易才有可能达成。因此，双方的交易达成区间如图 4-1 所示。

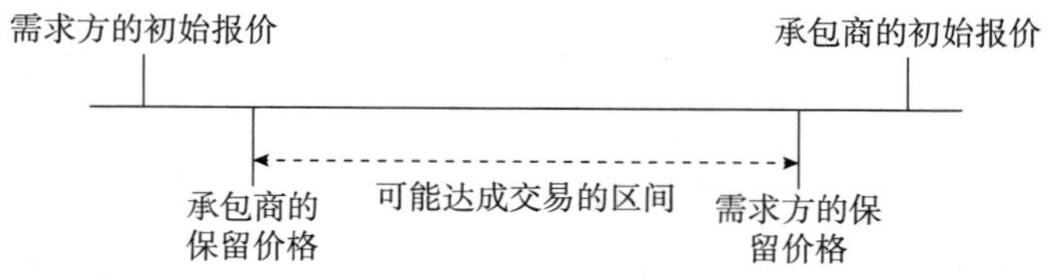

图 4-1　交易双方的保留价格与交易区间

假设承包商先进行报价，需求方在得到承包商的报价之后，采用贝叶斯学习模型来更新对承包商保留价格的认识，再提出自己的报价。这个报价的谈判过程如下。

（一）装备保留价格的先验概率

博弈开始，承包商估计需求方的保留价格 γ_m 有 n_m 种可能的情况。我们用 A_i 表示事件，需求方的保留价格为 γ_{mi}，$i=1, 2, \cdots, n$，其相应的概率为 $P(A_i)$，并假设承包商的报价策略为以需求方的保留价格进行报价，则承包商的第一轮报价 τ_1 为：

$$\tau_1 = E(\gamma_m) = \sum_{i=1}^{n} \gamma_{mi} P(A_i) \tag{4-1}$$

（二）需求方在得到承包商的报价之后进行决策

需求方得到承包商的报价 τ_1 之后，将其与自身的保留价格 γ_m 进行比较，如果，$\tau_1 \leqslant \gamma_m$，则需求方可以接受承包商的报价，博弈则可以结束；如果 $\tau_1 > \gamma_m$，则需求方可以拒绝这个报价，并运用贝叶斯学习模型来修正对承包商保留价格的认识，然后给出自己的报价。

我们假设需求方认为承包商的保留价格 γ_c 有 l_c 种可能的取值，用 S_j 表示事件，承包商的保留价格为 γ_{cj}，$j=1, 2, \cdots, l$，其相应的概率为 $P(S_j)$，则当需求方收到承包商的报价 τ_1 后，根据其贝叶斯信念，承包商在每种保留价格情况下给出 τ_1 的概率 $P(\tau_1 | S_j)$，然后根据贝叶斯公式计算后验概率：

$$P(S_j | \tau_1) = \frac{P(\tau_1 | S_j) P(S)}{\sum_{j=1}^{l} P(\tau_1 | S_j) P(S)} \tag{4-2}$$

所以，$P(S_j | \tau_1)$ 即为需求方经过学习后对承包商保留价格概率分布的新认识。

在得到关于承包商保留价格的新认识之后，需求方将根据这些新认识进行新的报价决策，假设此时需求方采取按照承包商的保留价格进行报价的策略，则需求方给出的第一轮报价 χ_1 为：

$$\chi_1 = E(\gamma_c) = \sum_{j=1}^{l} \gamma_{cj} P(S_j \mid \tau_1) \tag{4-3}$$

（三）承包商在得到需求方的报价之后重复上面的过程

承包商第 k 次报价的价格为：

$$\tau_k = \sum_{i=1}^{l} \gamma_{mi} P(A_i \mid \chi_{k-1}) \tag{4-4}$$

其中，$P(A_i \mid \chi_{k-1}) = \dfrac{P(A_i)P(\chi_{k-1} \mid A_i)}{\sum_{t=1}^{n} P(A_i)P(\chi_{k-1} \mid A_i)}$。

需求方第 k 次报价的价格为：

$$\chi_k = \sum_{j=1}^{l} \gamma_{cj} P(S_j \mid \tau_k) \tag{4-5}$$

其中，$P(S_j \mid \tau_k) = \dfrac{P(\tau_k \mid S_j)P(S_j)}{\sum_{j=1}^{l} P(\tau_k \mid S_j)P(S_j)}$。

在承包商第 k 次报价过程中，承包商对需求方上一次提出的报价 χ_{k-1}的条件概率 $P(\chi_{k-1} \mid A_i)$ 的认识可能是不同的，同样，需求方第 k 次报价时对承包商上一次提出的报价 τ_k 的条件概率 $P(\tau_k \mid S_j)$ 的认识也可能是不同的。经过一系列的讨价还价博弈之后，当有一方的报价进入图 4-1 所示的可能达成交易的区间时，交易就能够达成，博弈到此结束。此讨价还价过程可以用图 4-2 表示。

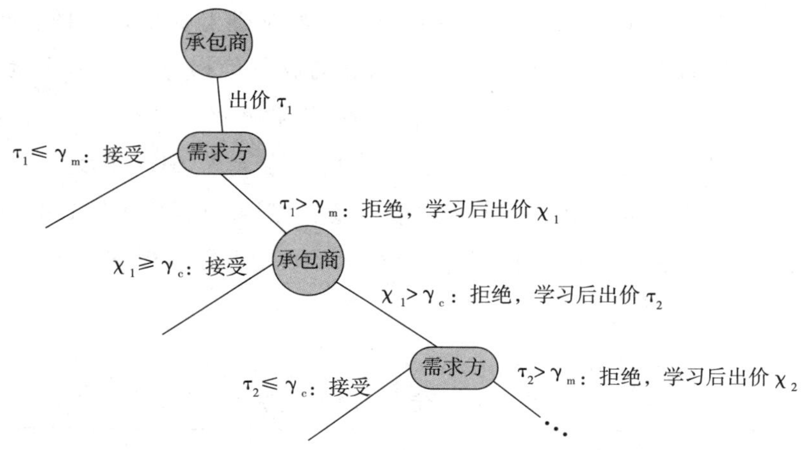

图 4-2　交易双方的贝叶斯动态学习过程

三、实例分析：一次模拟的装备交易过程

为了检验上面的理论分析，我们通过模拟一个装备交易过程来检验动态贝叶斯学习模型对于提高装备价格谈判效率的作用。为了便于理解，我们在分析过程中，将引入交易双方不同时进行贝叶斯学习的谈判过程，而仅以需求方进行贝叶斯学习的谈判过程，将结果与交易双方都进行贝叶斯学习的博弈结果进行比较分析。在这里，我们设想，需求方想要购买一套装备系统，需求方可以承受的价格即保留价格 $\gamma_m = 1500$ 万元，对于需求方所要购买的装备，承包商可以承受的价格即保留价格 $\gamma_c = 1000$ 万元/套。

（一）双方都进行贝叶斯学习

我们设想承包商对需求方保留价格的概率分布为 $P(A_i)$（见表 4-1）作出决策，因此承包商第一次给出的报价为 $\tau_1 = 1620$ 万元，这个价格明显大于需求方的保留价格 $\gamma_m = 1500$ 万元，因此需求方必然会拒绝这个价格，并在结合先验概率以及贝叶斯信念

$P(\tau_1|S_j)$（见表 4-2）进行贝叶斯学习的基础上提出自己的报价 $\chi_1=864$ 万元。这个价格也低于承包商的保留价格 $\gamma_c=1000$ 万元，因此承包商会拒绝这个价格，并在先验概率 $P(\chi_1|A_i)$（见表 4-3）的基础上，进行第二轮的报价，为 $\tau_2=1610$ 万元。贝叶斯学习过程将如此进行下去直到第 10 次，需求方报价 $\chi_5=1044$ 万元，大于承包商的保留价格 $\gamma_c=1000$ 万元，双方达成交易，交易价格P = 1044 万元。

表 4-1　承包商的先验概率

A_i（万元）	$P(A_i)$
1400	0.2
1600	0.5
1800	0.3

表 4-2　需求方的贝叶斯学习过程

S_j（万元）	$P(S_j)$	$P(\tau_1\|S_j)$	$P(S_j\|\tau_1)$
800	0.5	0.6	0.73
1000	0.3	0.3	0.22
1200	0.2	0.1	0.05

表 4-3　承包商的贝叶斯学习过程

A_i（万元）	$P(A_i)$	$P(\chi_1\|A_i)$	$P(A_i\|\chi_1)$
1400	0.2	0.2	0.10
1600	0.5	0.6	0.75
1800	0.3	0.2	0.15

（二）双方不进行贝叶斯学习

在交易的过程中，如果双方不进行贝叶斯学习，需求方按一定

的升价因子 λ_m 逐次升价，而承包商按照一定的降价因子 λ_c 逐次降价。这里假设，需求方从 800 万元开始升价，而承包商按照 1800 万元开始降价，并且假设 $\lambda_m = \lambda_c = 5\%$。那么，在这样的交易模式下，双方共经过 9 次报价，最终以承包商的第 5 次出价 $\tau'_5 = 1467$ 万元/套成交。交易价格为 $P' = 1467$ 万元。

（三）只有一方进行贝叶斯学习

为了更充分认识双边贝叶斯动态学习模型对于提高装备定价效率的优势，接下来还要分析只有需求方或者承包商一方进行贝叶斯学习的情况。首先来分析只有需求方进行贝叶斯学习的情况：在只有需求方进行贝叶斯学习时，假设承包商还是从 1800 万元开始按 5%的降价因子逐次降价，而需求方则通过承包商的报价对其保留价格进行贝叶斯学习，如表 4-4 所示，通过学习，需求方给出的报价 $\chi''_1 = 986$ 万元。如此反复，需求方学习后第二次给出报价 $\chi''_2 = 1100$ 万元时达成交易，交易价格为 $P'' = 1100$ 万元。

表 4-4　需求方的贝叶斯学习过程

τ''_1（万元）	γ_{cj}	$P(S_j)$	$P(\tau''_1 \mid S_j)$	$P(S_j \mid \tau''_1)$
1800	800	0.2	0.2	0.24
	1000	0.5	0.5	0.59
	1200	0.3	0.3	0.17

同样，我们假设只有承包商进行贝叶斯学习，如表 4-5 所示，因为假设承包商先报价，所以承包商的第一次报价就为 $\tau'''_1 = 1620$ 万元，需求方从 800 万元开始以 5%的涨价因子逐次加价。在这种情况下，承包商通过学习，第 3 次给出报价 $\tau'''_3 = 1462$ 万元，达成交易。最终交易价格为 $P''' = 1462$ 万元/套。

表 4-5　承包商的贝叶斯学习过程

τ_1'''	γ_{mj}（万元）	$P(A_i)$	$P(\chi_1''' \mid A_i)$	$P(A_i \mid \chi_1''')$
1620	1400	0.4	0.2	0.24
	1600	0.4	0.5	0.59
	1800	0.2	0.3	0.17

（四）对四种结果的比较分析

从上面的结果可以直观看出，进行贝叶斯学习能够提高对交易方保留价格的估计效率，从而采取更有效的报价策略。在这里我们引入一个共有效用模型，来分析在不同的交易模式下交易双方的共同效用。Zeng 和 Sycara（1998）提出了联合效用模型，模型表示为：

$$U=\frac{(P-\gamma_c)\times(\gamma_m-P)}{(\gamma_m-\gamma_c)^2}$$

通过将每种模式下的相关数据带入联合效用模型，可以得到如下数据，如表 4-6 所示。

表 4-6　各种结果的比较

类型	U	P（万元）	报价总次数
双方学习	0.08	1044	10
双方不学习	0.06	1467	9
需求方学习	0.16	1100	4
承包商学习	0.07	1462	5

从上面的结果可以看出，对于需求方来说，在进行贝叶斯学习的情况下，无论是共有效用还是最终实现的交易价格都要比不进行贝叶斯学习的情况更有利。

因此，在装备采购这个特殊的交易过程中，由于客观存在的信息不对称、不确定性大的市场环境和双边垄断的市场特征的限制，装备价格的确定一直是困扰装备采购部门的一个难题。在装备采购市场双方治理过程中，通过将贝叶斯动态学习引入装备价格治理机制，根据交易双方的博弈特点，采取有针对性的报价策略，提高装备采购交易过程中的价格治理效率。从上面的分析中我们可以得到如下结论：

（1）通过贝叶斯学习，需求方能够实现更低的交易价格，从上面的分析来看，可能会增加博弈的次数。①

（2）通过贝叶斯学习，可以得到更高的共有效用。

（3）如谭忠富等（2009）所提到的那样，在贝叶斯学习模型中，博弈次数对条件概率非常敏感。由于本书的主要的目的是证明贝叶斯学习模型对于确定装备价格的重要作用，所以，本书计算所用的数据都是模拟的，因此，在根据贝叶斯信念给出条件概率时，可能存在一定的误差，研究的结果与谭忠富等（2009）的结果有一些不一致。这就说明在装备采购实践时，科学地根据贝叶斯信念准确地给出条件概率十分重要。

第二节　抵押模型与进度契约机制

进度治理针对装备采购市场面临的“进度拖延”的困境。将抵押模型引入基于长期合作的关系契约框架，为缓解装备采购面临的进度拖延问题提供一种解决路径。

---

① 谭忠富等（2009）指出，贝叶斯学习可以减少博弈的次数，但是本书在设想的交易过程中，双方进行贝叶斯学习时，博弈的次数却是最多的，这可能也是文献中提到的，贝叶斯学习模型对条件概率十分敏感，如何科学确定条件概率就成为关键。在本书中，这个交易过程是假设的，因此，在条件概率（贝叶斯信念）的赋值上可能会存在较大的误差。但是，我们都证明了通过贝叶斯学习可以降低交易的价格。

一、抵押模型理论

在这里，我们需要参考威廉姆森提出的抵押模型来探讨装备采购过程中的进度治理。威廉姆森的抵押模型理论可以用图 4-3 简要表示。k 代表交易中的专用性投资比例，当 k=0 时，表示企业 1 进行的是通用性投资；当 k>0 时，企业 1 进行的是专用性投资。h 代表企业 2 对自己的抵押品的评估价值，当h=0 时，无抵押品；当 h>0 时，则存在抵押品。A、B、C 各支点上的三种均衡价格是不一样的。其中 C 点最优。A 与 B、C 的投资的专用性是不同的，B 与 C 在承担风险上是不同的。在分析其净利润时还会发现，C 点上的正式契约能更合理地运用资产进行投资。威廉姆森认为，对等投资可能倾向于发挥交易抵押的作用来减少机会主义（Anderson & Weitz，1992）。因为此类投资平衡了对方在交易关系中的专用性投资，由此体现出延续性，并意味着对稳定的长期合作关系的保证。Schelling（1960）认为，通过“把彼此的手拴在一起”，交易双方可以矛盾地强化他们之间的交换关系。因为这些投资能约束机会主义行为，把焦点转向相互合作。有学者发现，共同投入与长期承诺意愿之间存在正相关关系。也有学者从实证的

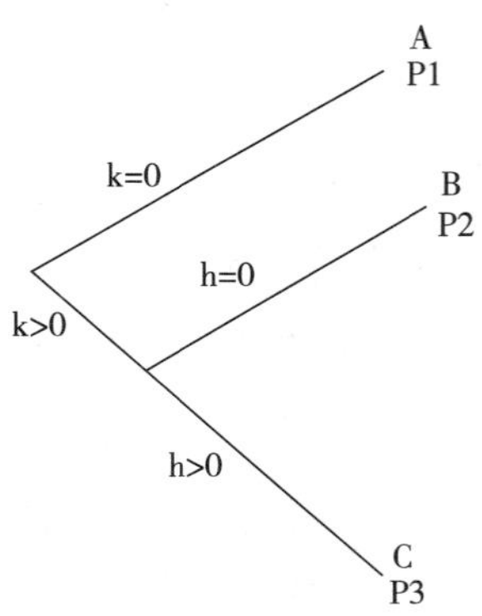

图 4-3　抵押模型示意图

角度证明了双边投资和承诺意愿之间存在联系（Sandy & Shankar，2000）。

从威廉姆森及其他学者的研究成果来看，在关系型交易中，抵押模型对交易关系的维护与促进交易双方的合作可以发挥重要的作用。下面我们将在借鉴抵押模型理论的基础上，具体探讨抵押模型理论在装备采购市场双方治理框架下，在装备采购市场进度治理中的应用。

二、抵押模型在装备采购进度契约机制中的应用

装备采购进度拖延也是困扰需求方的一个重要问题。而且这种进度拖延并不是我国特有的现象，在发达国家，进度拖延也是令装备采购部门头痛的事情。美国在过去的40多年里，装备系统采购项目的周期一直在稳步增加（Carden、Leach & Smith，2008）。2005年，美国总审计局（General Audit Office，GAO）对26个连续项目增长的研究也说明了同样的问题。美国总审计局的研究结果如表4-7所示。

表4-7 2005年美国总审计局GAO研究中26个项目的增速

	2003年	2005年	变化率（%）
总成本	$479.6	$548.9	14
RDT和Ecost	$102.0	$144.7	42
采购周期	140.6months	175.3months	25

资料来源：Carden R，Leach S E，Smith J S. A Market Reaction to DOD Contract Delay—Does the Market Reward Poor Performance［J］. Review of Financial Economics，2008（17）：33-45.

再来看两个比较典型的例子，例如，波音公司设计和制造波音777用了6年，但制造C-17却用了近20年（Battershell，

1999）。再如，普拉特·惠特尼集团公司（Pratt & Whitney Group）为航空公司客户节省了35%的成本和6～18个月（Womack & Jones，1996）。实际上，普拉特·惠特尼公司设计制造空客A380所需的GP200发动机只用了不到5年，与此相对比，其为F-22生产的发动机却用了12年（Jap & Ganeson，2000）。因此，Carden、Leach和Smith（2008）等发现，承包商（如波音公司等）通过宣布与国防部采购契约的延期对其股价有积极影响，从而造成装备采购周期越来越长。1997年英国审计办公室对正在进行的25个最大的装备采购项目审计发现，这些项目比起初的计划超出30多亿英镑，交付服役时间也推迟了三年多（Taylor，2003）。从世界各国装备采购实践来看，进度拖延都是一个难以克服的问题。下面笔者借鉴威廉姆森的抵押模型思想，对装备采购的进度治理问题进行探讨。

假设正在进行一个装备采购项目P，根据装备采购的全寿命管理思想，我们将装备采购项目分为1，2，…，n等阶段，T_1，T_2，…，T_n分别为各个阶段的时间临界点。T^t为谈判的目标进度，T^a为实际进度。根据全寿命管理思想，对装备采购项目采取里程碑式的付款方式，即将整个装备采购的费用根据装备采购的各个阶段分别进行支付。假设每个阶段支付的费用为R_i，i=1，2，…，n。那么，可以通过里程碑式的付款方式，形成对承包商收益约束的抵押模型，实现对装备采购进度的治理。即在装备采购的各个阶段，根据承包商的进度来进行惩罚性支付或奖赏性支付。

具体实施过程：假设承包商在采购的阶段i拖延的收益为W_i，它是T_i^t、T_i^a和随机因素τ的函数，即可以表示为：$W_i=W(T_i^t, T_i^a, \tau)$。需求方根据承包商的进度完成情况，在进行里程碑式支付时，建立$\alpha_i R_i$的奖惩机制，当$T_i^a \leq T_i^t$时，$0<\alpha_i<1$；当$T_i^a>T_i^t$时，$-1<\alpha_i<0$。α_i也是T_i^t、T_i^a和随机因素τ的函数，即$\alpha_i=\alpha_i(T_i^t, T_i^a, \tau)$。这样$\alpha_i R_i$，实际上就成为需求方用于激励承包商加快装备采购进

度的一种“抵押等价物”，而且抵押有效的条件：

$$|\alpha_i R_i| \geqslant W_i \tag{4-6}$$

这就是说，在满足式（4-6）的条件下，承包商遵守初始契约中的进度是最优选择。对于需求方来说，支付一定的奖金来实现装备采购进度的加快是一种次优选择，是合理的。

因此，借鉴威廉姆森的抵押模型的思想，在装备采购市场双方治理的框架下，通过构建一种影响承包商行为的“抵押等价物”，对于缓解装备采购进度的拖延，缩短采购周期，具有一定的积极作用。

第三节　声誉模型与质量契约机制

质量治理主要针对装备采购市场面临的“质量下降”困境。在装备采购市场交易过程中，可以引入针对双方声誉的奖惩机制，让承包商的声誉成为影响交易双方长期合作关系的重要因素，促进承包商按期高质量交付，减少装备采购存在的质量下降问题。

一、敲竹杠与关系契约的自我履行范围

在涉及大量专用性投资的双边交易中，进行专用性投资的一方如果没有很好的保障措施，就容易被对方利用专用性投资难以转移的弱点，占有更多租金。这是在涉及大量专用性投资而又缺乏很好的保障机制的交易过程中经常出现的现象。人们通常都通过垂直一体化策略来防止被敲竹杠。Klein 和 Leffler（1981）提出了价格保证质量的模型。这个模型的核心思想是要通过消费者提供一个溢价来保障生产企业的未来销售租金流，使溢价所带来的利

润和企业专用性投资之间达成一种平衡，从而依靠市场的力量实现关系契约的自我履行，阻止敲竹杠行为的发生。

在装备采购过程中，需求方同样面临着被承包商敲竹杠的风险。明确采购契约条款虽然可以减少被敲竹杠的风险，但是由于受不确定性、信息不对称等因素的影响，明确详细契约条款面临巨大的搜寻成本和再谈判成本，使装备采购契约注定是不完全的，承包商反而更有可能利用防止敲竹杠行为的明确契约条款来产生一个新的、更大的敲竹杠行为。

因此，由于明确契约条款的巨大成本和更大的被敲竹杠风险，在装备采购过程中，需求方可以通过缔结能够实现自我履行的隐性契约对难以做出明确规定的条款进行灵活处理。隐性契约的自我履行需要建立在切实可行的私人秩序之上。一般情况下，终止与承包商在装备采购上的合作，对于装备承包商来说是可置信威胁。因此，长期合作的利润预期是促使承包商实现自我履行的一种有效私人秩序。

二、声誉模型与装备采购的质量契约机制

在上文分析的基础上，下面我们采用 Oliver 和 Tirole（1988）的方法，借鉴 Klein 和 Leffler（1981）、Shapiro（1983）构建的声誉模型，分析其在装备采购市场双方治理中的应用。

在装备采购市场上，假设承包商在提供装备时存在两种质量：低质量（$Q=0$）和高质量（$Q=1$）；该装备的成本相应为 C_0 和 C_1，并且 $C_0<C_1$；P_Q 为装备价格，高质量装备的价格为 $P_1>0$，低质量装备的价格为 $P_0=0$；需求方在 t 时期无法观察到装备的质量，而在下一时期（t+1）时能够完全了解。考虑到关系契约的长期合作导向性，我们设每期的市场利率为 i，则贴现率为 $\sigma=\frac{1}{1+i}$。那

么，需求方在装备采购过程中所获得的效用函数表达式为：

$$U^B=\gamma Q-P_Q \quad (4-7)$$

其中，γ 为需求方对装备质量的特殊要求。

如果承包商能够一直保持提供质量相同的装备，并且需求方的期望也得到了满足，那么声誉均衡就是稳定的。

现在考察一般情形下的交易双方的策略选择。假设承包商在（t-1）时期提供了高质量的装备，需求方认为 t 时期提供的装备也是高质量的，因此选择了与承包商签订采购契约的策略。但是，在 t 时期承包商提供的装备可能是高质量的，也可能是低质量的。也就是说，承包商有（P_1，C_1）和（P_1，C_0）两种策略，如果承包商选择（P_1，C_1），并一直提供高质量装备，需求方则一直与承包商保持合作关系，让承包商提供装备保障服务，那么承包商的利润（含当期利润）现值为：

$$(P_1-C_1)(1+\sigma+\sigma^2+\cdots)=\frac{i+1}{i}(P_1-C_1) \quad (4-8)$$

如果承包商选择（P_1，C_0），即采取机会主义行为，以高质量的价格提供低质量的装备，那么需求方发现承包商的机会主义行为后，不再与该承包商合作，那么承包商只能获得当期利润，那么声誉均衡的必要条件为：

$$\frac{i+1}{i}(P_1-C_1)\geqslant P_1-C_0 \quad (4-9)$$

求解式（4-9）可以得到：

$$P_1-C_1\geqslant i(C_1-C_0) \quad (4-10)$$

这也称为声誉保全条件。为了使承包商不采取降低装备质量的机会主义行为，高质量装备的溢价必须超过 $i(C_1-C_0)$。因为不顾声誉总能获得短期利润。然而，会失去未来所有的收益，所以承包商的声誉租金可以表示为：

$$(P_1-C_1)(\sigma+\sigma^2+\cdots)=\frac{P_1-C_1}{i} \quad (4-11)$$

声誉保全条件给提供高质量装备的均衡条件设定了一个下限：

$$P_1 \geqslant C_1 + i(C_1 - C_0) \tag{4-12}$$

就是说，低于这个下限，声誉租金就小于成本节约带来的当期利润，那么承包商将会只顾当期利润而不顾声誉。

承包商为了确保自己的垄断地位，高质量装备的价格 P_1 必须存在一个上限，假设装备采购市场允许凭借实力自由进入，有一个潜在的进入者第一期以非常低的价格 $P_1=0$ 赔本进入高质量装备采购市场，以后他就会获取声誉租金，即他通过成本 C_1 获取了声誉租金 $\frac{(P_1-C_1)}{i}$。那么，P_i 的上限由式（4-13）决定：

$$\frac{(P_1-C_1)}{i} \leqslant C_1 \tag{4-13}$$

即，

$$P_1 \leqslant (1+i) C_1 \tag{4-14}$$

那么，承包商提供高质量装备的价格范围为：

$$(1+i) C_1 - iC_0 \leqslant P_1 \leqslant (1+i) C_1 \tag{4-15}$$

这一模型说明，当且仅当高质量意味着存在一个令承包商害怕失去的租金时，才会激励承包商提供高质量的装备。

对于装备采购这种持续周期较长、发生比较频繁的特殊交易，未来合作关系的长期租金能够支撑承包商的声誉效应。因此，在装备采购过程中，需求方要积极利用声誉效应这种非正式协议的工具来强化装备采购市场双方治理中的装备质量控制，尽量减少在采购中出现交付的装备质量性能指标下降的现象。

第四节　装备采购市场双方治理框架的稳定性分析

下面我们分析装备采购市场双方治理框架的稳定性问题。装备采购市场双方治理的不稳定性主要来自交易双方的机会主义行为，这里主要是指承包商的机会主义行为。在交易过程中，任何一方的机会主义行为都会降低双方治理的效率，也会影响双方治理框架的运作，甚至会阻碍关系治理框架的构建。装备采购市场的交易环境存在很大的不确定性，这种不确定性给了机会主义行为很大的空间，导致装备采购市场双方治理框架的不稳定。

一、装备采购市场双方治理框架稳定性的影响因素

（一）承包商是否具有较高的信誉度

在装备采购市场的双方治理框架中，承包商是否守信是关键。只有承包商守信，才能形成稳定和巩固的合作关系。从前面的理论分析来看，让承包商守信的条件有以下几种方法：①承包商投入了大量的专用性资产；②承包商严重依赖与需求方的交易，装备交易额占了承包商销售额的较大比例；③承包商可以从与需求方的长期合作中受益；④承包商有足够的资本支撑其信誉投资。

（二）契约是否被充分完整地理解和接受

双方治理框架下的交易关系建立在双方合作的基础上，契约是双方合作的基础。尽管契约注定是不完全的，含有很多关系性（隐性）的条款，但是一份被双方理解和接受的契约，其履约率自然会提高，从而提高了双方治理框架的稳定性。

（三）契约是否在交易实践中不断改进和完善

对于装备采购过程中的一些确定的因素，其在契约中越明确，承包商产生机会主义行为的可能性就越小，双方治理框架的稳定性就越高；对于无法缔约或者无法验证的条款，根据实际情况，构建双方都可接受的灵活的私人协调机制，以弥补契约的缺陷，防止机会主义行为的发生，从而提高装备采购市场双方治理框架

的稳定性。

二、维护装备采购市场双方治理框架稳定性的保障措施

从前面的分析中可以看出，双方治理框架是一种将正式契约、关系契约以及信任机制等因素整合起来，形成的一种事前激励强度与事后调整灵活性相权衡的交易治理框架。在本章第三节我们了解了影响双方治理框架稳定性的相关因素，接下来我们结合这些因素提出维护装备采购市场双方治理框架稳定性的保障措施。

（一）健全装备采购的宏观法治环境

虽然我们提出了装备采购市场的契约治理机制，主要是基于采购双方之间的一种自我履行契约。但是，这种自我履行契约的实现离不开健全的宏观法治环境。在良好的宏观法治环境下，自我履行契约的履约成本和履约效率将会有很大的提高。健全的宏观法治环境还可以提高采购双方的法治意识，增强履约的自觉性。

（二）建立科学的信誉评价制度

离开基本的信任机制，装备采购市场双方治理框架就难以实现。因此，要保证双方治理框架的稳定，就必须保证采购双方之间的信任机制不被破坏。所以，建立科学的信誉评价制度，建设信用社会就显得十分重要。

（三）构建一种可竞争性的装备采购市场

对于大型装备系统来说，要真正实现事前的充分竞争是不现实的。但是，可以借鉴可竞争性市场理论的基本思想，构建可竞争性的装备采购市场，形成对在位承包商的一种可置信威胁，扩大需求方的选择范围。完善我国的装备采购市场，就要推动高水平社会主义市场经济体制建设，打破民营企业参与装备采购市场壁垒，为民营企业提供公平竞争的市场环境。

第五节　本章小结

在装备采购过程中，交易双方可以结合装备采购项目的具体特征，从价格、进度和质量三个维度构建基于正式契约和关系契约相融合的双方治理框架，以寻求装备采购市场面临的“涨(价格)、拖(进度)、降(质量)”困境的缓解之道。

价格治理是在双方治理框架下，在价格谈判中引入贝叶斯动态学习模型，重塑装备采购价格协商谈判机制；进度治理是在双方治理框架中引入抵押模型，通过要求承包商设置抵押的方式来对其在交付进度中可能出现的机会主义行为进行约束；质量治理是在双方治理框架中引入声誉机制，在装备采购市场形成良好的声誉机制，促进承包商在交易过程中注重自身声誉积累，从而减少其在交付装备系统质量上的机会主义动机。

虽然从经济理性的逻辑上寻求了装备采购市场治理的实现路径，对缓解装备采购市场面临的“涨(价格)、拖(进度)、降(质量)”困境有一定的作用。但是，从第三章的理论分析来看，对于装备采购这种复杂的关系性交易，仅仅从经济理性逻辑寻求装备采购市场双方治理的实现路径是不够的。对于装备采购市场治理，还需要综合考虑经济性和社会性因素，不但要注重正式契约和关系契约的整合，还要注重经济性因素和社会性因素的整合。因此，装备采购市场双方治理还需要从信任和嵌入性的视角对交易双方在交易过程中的行为进行综合解读，对装备采购市场双方治理框架进行深化和拓展。

第五章

装备采购市场双方治理框架的维护：信任的视角

信任有利于交易的达成。在涉及大量专用性投资的装备交易中，双方的相互信任就显得更加重要。Weber（1968）指出"只有在人与人之间具有广泛的信心与信任的基础上，财物交易才成为可能"。可以说，信任机制是涉及大量专用性资产的装备交易的重要保障。在从经济学逻辑对装备采购市场双方治理的实现进行分析的基础上，本章将从信任的视角对装备采购双方治理框架进行拓展，主要分析在双方治理框架运行中，交易双方之间信任的产生及其影响。在市场经济条件下，信任一种是有别于法律的非正式秩序，是经济活动顺利开展的重要基础。这也是我们强调市场经济是诚信经济的原因。就具体的装备采购实践而言，信任机制是除正式契约、价格之外的一种重要治理机制，是影响装备采购市场双方治理框架有效运行的重要因素。

第一节　信任及其治理功能

一、信任的内涵

信任是一个交互的概念框架，包括施信方和受信方两个主体。对于信任的理解，不同的学者、不同的视角、不同的学科都有所不同。目前，学术界还没有关于信任的统一定义。结合相关文献，本书将信任的典型定义进行了总结，如表 5-1 所示。

表 5-1　信任的典型定义

作者	定义
Deutsch（1973）	信任方对被信任方采取合意行动可能性的信念和预期
Boon 和 Holmes（1991）	在承担风险的情形下，为尊重他方而对其动机的积极预期
Sabel（1993）	相互信任就是合作方确信没有一方会利用另一方的弱点去获取利益
Dodgson（1993）	信任是一种思维状态，即交易一方对另一方将付诸意料之中的、相互可接受的行为预期
Fukuyama（1996）	在正式的、诚实的合作行为共同体内，基于共享规范的期望
Inkpen 和 Currall（1998）	存在风险状况下对联盟伙伴（个人、集团或企业）的信赖
Rousseau（1998）	信任是建立在对另一方意图和行为正向估计的基础上的、不设防的心理状态

资料来源：杨彩霞. 高技术虚拟企业（HTVE）治理机制研究［D］. 哈尔滨：哈尔滨理工大学，2009.

从表 5-1 可以看出，信任是一种预期，一种复杂的心理活动。

笔者认为，要真正地把握信任的内涵，还需要从以下几个方面来理解：

（一）信任是一种互动过程

在现实的交易过程中，信任是交易方对对方不会利用自己脆弱性的一种信念。这说明信任是一种对交易双方有信心的互动过程，而且这种相互信任可以形成一种良性循环。这种循环可以通过个人或组织间的相互关系来体现。即信任促使进一步的信任，最终形成“我信任因为你信任”的良性情境（Lewis & Weigert，1985；Zaheer & Venkatraman，1995）。

在装备采购市场中，交易双方为了保持长期合作关系，就必须建立相互信任。无论是个人之间还是组织之间，单方面的信任是不能持续的，只有相互信任才可以促使双方达成合作并维持长期合作关系。

（二）信任需要超越绝对的机会主义行为动机

机会主义行为是信任的天敌。在装备采购过程中，承包商的机会主义行为动机更加强烈。威廉姆森指出，不对称的专用性投资会导致企业利用交易方的脆弱性而采取敲竹杠行为。对交易方其他脆弱性的利用还包括逆向选择、道德风险等。其实，这也是机会主义行为的不同表现。因此，机会主义和有限理性成为交易成本理论中“契约人”的两大最基本行为假设，从而演绎出交易特征、交易成本和治理框架等基本范畴。因此，信任的建立还需要超越机会主义行为动机。

其实，除机会主义倾向外，人还具有“非自我本位”的利他性，这是信任产生的心理基础。如果通过声誉机制建立起信任，那么只有在交易的一方无须做出机会主义行为就能满足自身最大利益时，信任行为才不会与个人行为假定相冲突。然而，这种基于特定情境而算计的信任称为“情境信任”，这种信任取决于环境特征而非交易一方的属性。与之相呼应，基于对交易方的感知，认为对方具有值得信任的可信度而产生的信任称为“品质信任”。

情境信任对于关系是内生的，而品质信任对于关系是外生的。品质信任建立在品质的基础上，即天性和在教育、社会化过程中的内在价值。因此，品质不是随意改变的。品质信任使交易者相信交易伙伴将履行其承诺的受托义务和责任。在静态的情况下，情境信任通常是可能的，也是充分的。当环境发生变化时，品质信任将更可靠。经济学家阿罗曾经说过，没有起码的信任，任何交易都不会发生。因此，Noorderhaven（2002）主张用品质信任和机会主义的人性内核分裂模型来代替交易成本经济学中的机会主义内核模型。在人性内核分裂模型中，人生来就是可信的，但是又存在机会主义倾向。这两种人性内核假设模型可以用图 5-1 表示。

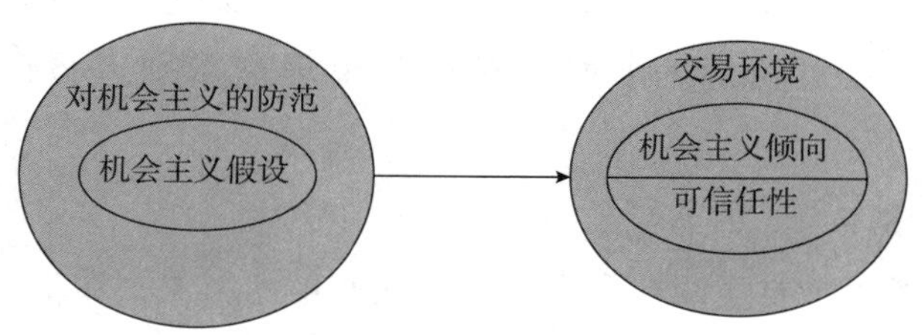

图 5-1　两种人性内核假设模型

交易成本理论忽视了交易主体具有可信任的特征，认为在交易关系中即使存在信任，也是理性算计的结果。基于机会主义和信任的人性内核假设，正是在 Noothom 和 Noorderhaven 等对机会主义人性假设进行修正的基础上提出来的。人性内核分裂模型的一个优点是它与现实的直觉相一致，既很少存在绝对的可信任度，又很少存在绝对的机会主义倾向。所以，对交易中信任的理解还需要超越绝对机会主义假设。

（三）信任产生于互动

互动过程通过两条途径来影响交易关系中的主观信任水平：一条路径是另一方实际的可信度提高，另一条路径是施信方获得了关于对方真实可信度的追加信息。

二、信任的产生

信任是如何产生的？这是研究信任机制不可回避的问题。下面将对信任产生的相关理论进行简单的综述，然后对信任产生的路径进行一般分析。

（一）信任产生的理论依据

关于信任如何产生，不同领域的学者都对这个问题进行了比较深入的分析，得出了不同的理论派别，主要包括文化论、经验论、博弈论、制度论等。下面将对这几个理论派别进行简单的梳理。

1. 文化论

文化论者，主要强调社会文化对信任产生的影响。在不同的国家、不同的社会有不同的信任程度。阿尔蒙德和维伯（1989）认为，不同国家的生活态度、信任程度都有很大的差异，不同的社会产生不同的政治文化。Inglehart（1997）用数据验证了这些论断，认为不同的政治文化有不同的信任特征。福山（1995）在其著作《信任：社会美德与创造经济繁荣》中，将所有国家分为低信任和高信任两类。他还将一个国家经济的发展完全归结于文化和信任程度的差异，认为中国的经济发展和中国的信任度有直接关系，中国企业规模普遍偏小也是由中国的家族式文化导致的。他的理论缺乏实证基础，很多中国学者从实证的角度对他的理论进行了回应。但不可否认，信任是社会文化的一部分，文化差异是信任程度不同的原因之一。虽然社会信任程度的高低不能完全用文化差异来解释，但这种差异的确引起了社会信任程度的不同。

2. 经验论

信任不仅要面向未来，而且建立在历史经验的基础上。经验论认为，信任度的高低来自交易的历史经验，对交易方信任度的判断，很大程度上依赖于对历史经验的总结。对此，有很多学者的研究有所涉及。在交易过程中，信任既是对对方行为的一种预期，也是对双方合作历史的肯定。如果在交易过程中，预期的行为都实现了，那么双方的信任度都会提高；相反，如果预期的行为没有实现，甚至出现违约行为，则双方的信任度都会降低。

3. 博弈论

信任是互动过程的定义本身就包含着博弈论的思想。在博弈论框架下，信任可以理解为基于算计的战略互动。著名的囚徒困境实验就是很好的例证。随着实验条件的改变，双方的信任度也会发生变化。但博弈停止时间成为共有信息时，双方之间不会有信任行为产生，欺骗就成为最佳策略。根据这一博弈思路，无限次的重复博弈和不完全信息下的有限次博弈可以产生信任。

4. 制度论

制度是产生信任的根源之一。有很多学者从制度的视角来解读信任现象。制度对信任的产生起着激励和威慑的作用。当人们守信用时，可能会得到制度因素带来的某种激励；相反，当人们不守信用时，则会受到制度因素带来的惩罚。因此，制度也是促进人们讲信用的重要因素。制度论者认为，有效的政府、健全的法律制度和有力的执行机制是至关重要的。

（二）装备采购过程中信任的产生路径

以 Doney 为代表的学者对信任产生的路径进行了研究。他们归纳出五条路径：算计路径、预测路径、动机路径、能力路径和传递路径。下面对这五条路径进行简要的分析。

1. 算计路径

算计路径在经济学文献中讨论很多。威廉姆森认为，信任的根本是算计路径。个体或组织会计算交易的另一方在某一交易关系中做出欺骗或保留此关系的成本与收益。因此，装备采购过程中的信任一般首先是通过这种算计路径建立起来的。在这种路径上，守信和失信的成本收益都必须十分明确，需求方必须考虑使承包商的机会主义行为成本大于收益。

2. 预测路径

预测路径是建立在经验论的基础之上的。预测路径是交易中的一方能够通过另一方过去行为的一致性和言行的差异性来推测其未来行为的可信度，从而判定交易伙伴是否值得信任。这条路径必须建立在充分了解承包商过去行为信息的基础上，所掌握的信息越充分，信任预测的准确度就越高。因此，这条路径产生的信任属于了解型信任，它产生于重复交易。在装备采购初期，交易双方之间的相互了解还不是很充分，通过预测路径产生信任是不太现实的。只有随着合作交往的加深，对彼此的信息掌握得比较充分后，才能逐渐对交易双方行为的一致性、合作的意愿等有深入的了解，且交易持续的时间越长，这条路径就越容易产生信任。

3. 动机路径

需求方对承包商的信任还可能通过对承包商动机的解析和评估来建立。通过动机路径，施信方可以解析信任对象的言行并试图判断其在交易中的意图。如果需求方意识到承包商只有自私的动机，那么是不太可能产生信任的。但是，如果需求方发现承包商可能存在利他的动机，那么就容易产生信任。动机路径产生信任的关键是要明确交易中对方善意的意图。这类信任的核心是交易双方存在共同的价值取向，愿意以对方的利益而不是以自身的利益为重。

4. 能力路径

能力路径指信任是通过对承包商遵守、履行契约能力的判断建立的。在现实中，承包商的履约能力存在很大差异。在装备采购过程中，需求方会对承包商的能力进行考察，从中选择能力最强的合作伙伴，所以一旦采购关系建立，一般就会建立一种能力信任。随着交易关系的发展，对承包商的能力了解得更加充分后，这种信任将朝两个方向发展：如果承包商的能力很强，那么信任就会很强，交易合作关系会进一步发展；如果承包商的能力不强，这种信任就会消失，合作关系也会终止。

5. 传递路径

信任还可以通过传递路径来建立。这是一种建立信任的拓展模式。在这个模式下，可以运用第三方对第二方可信任的界定作为第一方评判第二方是否可信任的基础。其实，这是一种间接信任。这就意味着信任可以从某一被信任的可靠来源传递到施信者从前与之没有或者只有很少了解的受信者。传递路径突破了交易的时间和空间限制。从社会网络的视角来看，信任的传递特征是十分明显的。其实，在强人际关系存在的地方，信任是很容易在个体之间传递的。在对人和制度充满信任的文化中，通过传递路径建立的信任更加普遍。制度论其实也就是强调这种路径产生的信任。

（三）信任对交易的治理功能

Powell（1990）认为，在经济行为中，权力、市场和信任是促成和维系合作的三种机制，也是三种基本的治理工具。因此，信任在对交易的治理中具有十分重要的作用。它能为中间性组织防止交易中机会主义行为提供一个有效的治理基础（Larsson，1993）。综合现有文献，信任的治理功能主要体现在以下两个方面

（张喜征，2003）：

1. 信任的经济功能

信任对交易的治理首先表现在其经济功能上。信任的经济功能主要表现为：第一，减少交易费用。在现实经济中，很多交易费用的产生都是由于缺乏信任。因此，在交易过程中建立的良好信任关系可以大大减少交易费用，提高交易效率。第二，信任可以减少交易实现的监督成本。在以关系契约为基本框架的双方治理过程中，交易的实现主要依靠契约的自我履行。良好的信任关系可以使已达成的协议自我实施和遵守，不需要建立额外的保障机制，从而大大减少交易实现的监督成本。

2. 信任的管理功能

信任的治理功能还表现在对交易过程的管理中。信任的管理功能主要体现在：第一，协调功能。作为一种社会关系存在的信任关系，影响着人们的行动选择。例如，信任关系的强度可以影响着人们的交易决策，信任是解决冲突的润滑剂。第二，简化功能。Luhmann（1979）对信任的定义直接点明了信任的简化功能。他从新功能主义的角度出发，认为信任属于一种系统化简化机制，通过信任可以降低环境的复杂性。另外，信任的简化功能可以作为重要的简化工具，它以历史推论未来，以已知推论未知。第三，约束功能。信任的约束功能是通过不信任和声誉两种机制来实现的。不信任虽然是信任的对立面，但两者在功能上却有异曲同工之妙。信任是通过历史推论未来，声誉恰恰是浓缩的历史。声誉在社会交互活动中有两个作用：一是信息传递作用，这个作用使具有正面声誉的信息接收者被信任更多；二是制裁作用，负面的声誉将成为一种制裁机制，对不守信行为进行惩罚。

第二节　装备采购市场双方治理框架运行中的信任因素

一、信任关系的界定

装备采购过程中的信任是交易双方基于风险和相互依赖，一方相信另一方有意愿并且有能力去履行契约条款，同时任何一方不会利用对方的弱点去谋取私利。在装备采购过程中，交易双方之间的信任应该包括以下内涵：

（一）相互信任是装备采购得以顺利实现的重要前提

现代装备研制生产过程大量运用信息化、智能化等最新前沿技术，其采购过程涉及大量的不确定性。交易双方之间的相互信任是双方在采购过程中面对不确定性所表现出的彼此信任。这种信任是装备采购应对不确定性、减少风险、促使交易得以顺利完成的重要前提。

（二）交易双方之间的信任既有基于理性的算计信任，也有非理性信任

需求方在选择与承包商开展初次合作时，在做出信任决策之前往往会对信任的结果进行成本收益的计算，关注承包商的能力以及控制机制。即这种信任是经济学视野下的算计信任。但是，随着合作次数的增加，交易双方对彼此有了更深入的了解，对对方行为的预测能力提高，这时对交易伙伴行为的良好预期会在交易过程中产生社会学家和社会心理学家所关注的非理性信任。

（三）信任的风险性高于一般的交易过程

相互信任即意味着放弃对交易伙伴的控制，使自己暴露在危险之中，从而具有较高的风险性。尤其是在装备采购市场这个双边垄断的特殊交易过程中，对于交易双方来说，信任的风险比一般的交易过程都要高。需求方的风险性体现在大量专用性投资投入以后，容易被承包商挟制。承包商信任的风险性体现在需求方需求的不确定性，以及需求方在交易过程拥有更多的行政控制能力。

总之，在涉及大量专用性投资、存在较大不确定性的装备采购过程中，信任是交易双方之间彼此信赖，是装备采购得以顺利实现的重要的现实基础。

二、信任关系的形式

信任是一种主观心理状态，有着不同的形成路径。在装备采购过程中，交易双方之间的信任关系大致可以分为以下几种形式。

（一）基于算计的信任

经济学家习惯用经济理性的逻辑来审视信任。交易成本经济学认为，关系契约是具有自我履行机制的非正式协议或私人安排，与这种自我履约机制相伴的是算计型信任的内生机制。基于算计的信任是装备采购双方最初级也是最根本的信任形式。交易双方在交易合作的起步阶段，都会对作出信任行为的结果所可能面临的成本与收益进行估算，只有在确保有利时才会作出信任决策。这就是装备采购过程中基于算计的信任。

（二）基于制度的信任

基于制度的信任是建立在特定的法律制度、社会规范基础上的。有些学者认为，基于制度的信任反映的是由于担保、安全保障措施或者其他机制的存在，一个人感觉到环境具有安全性。国家会确立很多法律法规来确保装备采购的顺利完成，因此，在装备采购过程中，基于制度的信任是装备采购过程中信任机制的重要形式。

（三）基于共识的信任

在装备采购过程中，由于装备采购市场主体的有限性，交易双方一般都存在维持一种长期合作关系的倾向。随着合作的深入，装备采购的交易双方会在维护国家安全利益、提高装备保障能力上形成一种共识。这种共识使交易双方具有共同的目标和价值取向，相互之间联系更紧密，双方之间的信任强度更高。基于共识的信任是装备采购市场中信任的最高形式。

三、信任关系的影响因素

（一）宏观层面的因素

制度因素是影响装备采购过程中交易双方信任关系的宏观因素。制度是约束人们行为及其相互关系的一套行为规则，能约束人们之间的相互关系，可以减少环境的不确定性，包括正式制度和非正式制度（孙智英，2002）。下面就从这两个方面来分析装备采购过程中信任关系的宏观影响因素。

1. 正式制度因素

正式制度因素主要包括以下两个方面：

（1）法律法规体系。人类的交往活动都依赖信任，而信任又以秩序为基础，表现为各种禁止不可预见行为和机会主义行为的规则（孙智英，2002）。在装备采购过程中，国家的相关法律法规对于规范交易双方行为、减少交易过程中的不确定性具有重要作用。交易双方对国家法律法规的感知对交易可靠性信念有正向的影响。因此，国家的相关法律法规对装备采购过程中信任关系的确立起着支撑作用。

（2）装备采购市场具有严格的市场准入制度，承包商准入体系是对承包商进行筛选的重要机制。科学合理的承包商资格认证体系有助于交易双方之间信任的建立。

2. 非正式制度因素

非正式制度是人们在长期的社会交往中逐步形成并得到社会承认的一系列约束，包括价值观念、伦理道德、文化传统等。影响装备采购过程信任关系的非正式制度因素主要包括以下两个方面：

（1）文化环境。如果整个社会形成讲信誉、守信用的文化氛围，那么作为这个社会组成部分的装备采购双方会更加注重信用，装备采购过程中的信任关系就更容易建立，也更牢固。

（2）声誉评价体系。声誉是一种资本。良好的声誉评价体系对于采购双方尤其是对于承包商来说，既是一种激励，也是一种约束。如果社会形成了一个科学的、得到全社会认同的声誉评价体系，就有利于在装备采购过程中建立稳固的信任关系。

（二）微观层面的因素

影响装备采购信任关系微观层面的因素，主要是从买方和卖方的特征进行分析。这在下一节装备采购过程中信任产生机制的分析中会有详细论述，这里不再赘述。

四、信任关系的概念模型

（一）基本假设

为了使本书提出的概念模型更具有针对性和说服力，首先提出信任概念模型赖以建立的基本假设：

1. 良好的交易关系与信任关系正相关

在装备采购市场中，交易双方之间良好的交易关系有利于信任关系的确立。在装备采购市场中，交易双方良好的交易历史和对未来合作的预期有利于保持合作的交易关系。这对装备采购双方之间的信任关系具有正向促进作用。

2. 相互依赖性与信任关系正相关

在装备采购市场中，交易双方之间的相互依赖性可以用影响接受来刻画。影响接受指的是交易伙伴自愿改变战略或行为以适应另一方的程度。Dyer 和 Singh（1998）认为，如果交易双方彼此愿意满足对方的要求，共享各自拥有的关键性资源，则交易双方均可在市场上获取竞争优势，促进长期合作关系的确立。

3. 信息共享与信任关系正相关

在装备采购市场中，交易双方之间有效的信息沟通能够降低装备采购过程中的不确定性，增进交易双方之间的信任，降低机会主义行为倾向。Anderson 和 Weitz（1989）指出，信息沟通是维持交易关系连续性的关键因素。通过交易双方之间正式、非正式的信息共享，形成装备采购需求与供给的良性互动。

4. 行政干预与信任关系负相关

行政干预是在装备采购过程中，需求方利用自己的特殊地位，对承包商实施一定控制的权力。这种权力在装备采购过程中并不具有对称性。需求方拥有更大的控制权（Skinner & Guiltinan，1985）。

5. 机会主义行为与信任关系负相关

抑制机会主义行为，强调装备采购双方以合作的态度行动，是装备采购过程中信任关系得以确立的重要保证。因此，机会主义行为对信任关系具有很强的杀伤力。

（二）概念模型

在装备采购信任关系成立的基本假设基础上，以装备采购交易过程为载体，确立装备采购过程中信任机制的概念模型（Inkpen & Currall，2004）。

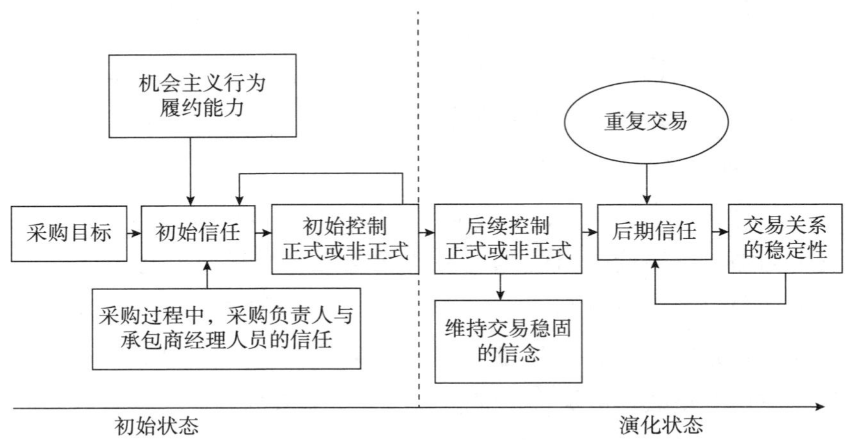

图 5-2　装备采购过程中信任机制的概念模型

资料来源：Inkpen A C, Currall S C. The Coevolution of Trust Control and Learning in Joint Ventures [J]. Organization Science, 2004, 15 (5): 586. 有修改。

在装备采购初始阶段，交易双方对彼此的了解并不深。此时，明确清晰的合作目标有利于交易双方之间建立信任，这也会减少装备采购过程中的不确定性，降低交易风险。在此阶段，影响交易双方之间相互信任的风险有两种：一是一方的机会主义行为风险，Das 和 Teng（1996）称之为“关系风险”，它决定着装备采购能否顺利开展。二是承包商的履约能力不足。在装备采购的初始阶段，由于信息不对称和装备系统的复杂性，需求方并不能对承包商的履约能力作出准确的评估。如果承包商在让需求方确信自己能够完成某项任务的情况下但没有完成，采购过程就容易产生信任危机。

交易双方通过正式控制和非正式控制两种途径调整合作关系。现成的规则、程序以及正式的信息传递渠道是交易双方调整合作关系的正式控制措施。相比之下，非正式控制更适合交易双方合作关系的调整。因为非正式控制更具有不确定性，并依附组织特征，这正好符合装备采购过程中交易双方合作关系的特征。相互信任就是很好的方式之一。而信任的有效性取决于交易双方之间的信任水平，缺乏信任将导致更多的正式控制，进而导致更低的信任水平；反过来，一开始就建立的信任关系将导致更多的非正式协调机制，即本书所倡导的关系契约范式下的双方治理框架。同时这种非正式控制机制的良好运转会对初始信任起到促进作用。随着交易频率的提高、信任的初步建立以及协调机制的转变，交易双方之间的警惕性会逐渐减弱，共同维护合作关系的信念逐渐增强。这样就通过装备采购过程中个体间信任的建立来巩固组织间的最初信任。

当装备采购过程中，交易双方在组织层面和个体层面都对交易伙伴有了一定程度的认知，确定装备采购合作初始状态良好，足以支持后续合作，交易双方之间的信任关系就由初始状态转变为演化状态，这种转变会促使装备采购过程中的不确定性和信息不对称性减少，相应地，调整机制也由以正式控制机制为主转变为以非正式机制为主，这更加促进了交易双方之间的相互信任。

因此，在装备采购过程中，当交易双方过去进行过多次装备采购项目合作，并确实遵守了相互协定时，交易双方的最初信任就演变为后期信任。随着合作双方信任水平的提高，合作关系的稳定性得到加强，而稳定的合作关系使装备采购交易双方之间的信任关系更加牢固。这就是装备采购过程中信任机制的概念模型。

第三节　信任与装备采购市场双方治理框架的运行

本章第一节、第二节对装备采购双方治理中的信任机制进行了一般性分析，回答了装备采购双方治理中的信任机制是什么、有什么功能。本节将回答信任机制是如何建立起来的。我们在结合社会学和心理学视野下信任概念的基础上，主要从经济学尤其是从交易成本理论的视角来探讨装备采购过程中的信任机制。

一、算计信任与声誉模型

（一）经济理性逻辑下的信任——算计信任

交易成本经济学把信任分为算计信任、个人信任和制度信任三类。个人信任基本上没有算计性，威廉姆森认为，如果个人关系中容许一种算计性取向，这种个人关系就会受到严重的损害；制度信任则强调了关系契约的嵌入性，把契约嵌入其中的社会和组织环境，如文化信任、组织信任、政治信任等，制度信任也具有算计性。因此，在装备采购领域中的信任主要是算计信任和制度信任。

（二）装备采购市场双方治理中算计信任的内生机制——声誉模型

在装备采购领域中，信任机制是普遍存在的，尤其是在我国社会主义市场经济体制下，嵌入社会和组织环境的制度信任更加明显。在装备采购过程中，需求方与承包商之间信任关系的构建就是回答以下两个问题：双方是否需要建立信任关系、如何建立信任关系？下面将通过 KMRW 声誉模型来分析装备采购双方治理过程中的信任内生机制。

1. KMRW 声誉模型

装备采购面临最大的问题就是信息不对称性。因此，采购双方需要在信息不对称的环境下通过建立信任关系来促进合作。对于装备采购实践来说，运用不完全信息的动态重复博弈来分析信任建立过程是可行的。

Kreps 等（1982）建立的 KMRW 声誉模型，通过将不完全信息引入重复博弈，检验了在不完全信息动态博弈条件下信任和合作均衡的出现，认为参与人对其他参与人支付函数或策略空间的不完全信息对均衡结果有很明显的影响。合作行为在有限次博弈中会出现，只要博弈重复的次数足够多。在利用声誉模型分析装备采购过程中信任关系的建立过程时，由于限制条件的作用，参与者在本质上是不是合作型并不重要，所以此时的信任是关系导向的情境信任。只有在博弈即将结束时才可能起到较大的作用，因为只要进入这种博弈，就表示需求方愿意与承包商建立合作关系。

2. KMRW 声誉模型在装备采购市场双方发展中的运用

Kreps（1990）认为，如果博弈重复进行的概率很高，那么“尊重—信任”的结果就会自动实现。在装备采购市场的双方治理中，基于关系契约的长期导向性，合作的前提是未来的关系是否重要，合作的基础是关系的持续性。虽然在一开始并不一定存在真实的信任，但是随着合作关系的持续，真实的信任关系是可能建立的。这时信任就是内生的，是在双方治理框架下产生的半强信任。

在这里，我们用一个类似 KMRW 声誉模型的分析方法来探讨装备采购过程中算计信任的产生和作用机理。在装备采购过程中，采购双方究竟是采取机会主义行为还是信任，其实是一个囚徒困境问题。如图 5-3 所示，$I_2>I_1>0>I_3$。在这种结构下，装备采购的结果将是机会主义倾向的非合作纳什均衡。

承包商＼需求方	信任	机会主义
信任	I_1，I_1	I_3，I_2
机会主义	I_2，I_3	0，0

图 5-3　装备采购过程中的信任博弈

在装备采购重复进行的情况下，需求方未来可能终止与承包商的所有交易，对于承包商来说是可置信的威胁，能够抑制承包商的机会主义行为，进而产生信任。在装备采购过程中，需求方与承包商之间的交易频率较高，而且交易内容重复，所以能够自发产生信任。

假设需求方选择信任承包商，并按触发战略行动，一旦承包商选择机会主义行为，那么需求方将永远选择机会主义行为，即终止与承包商的采购合作关系。假设重复博弈的概率为 p，承包商选择机会主义行为的收入现值为 I_2，而始终选择信任的收益为 $\frac{I_1}{I-P}$，因此，只要 $\frac{I_1}{I-P}>I_2$，即满足 $P>\frac{I_2-I_1}{I_2}$，对于承包商来说，选择信任是最优的，这样装备采购中的信任关系就形成了。触发战略的价值就在于合作关系的长期导向。但是，这个策略也存在一个问题，即如果双方存在误解，承包商的一次机会主义行为就会导致采购双方永远失去合作机会，对于需求方来说，这种惩罚措施的代价也是巨大的。

我们考虑另外一种以牙还牙策略（tit-for-tat strategy）。这种策略是指若一方采取不合作策略，另一方也会采取不合作策略；但是，一方采取合作策略，另一方也会采取合作策略。需求方第一步采取合作策略，看承包商采取什么策略，然后便按照着承包商的策略而改变自己的行动。

假设承包商选择了一次机会主义行为，其将受到需求方在未来连续 n 期的惩罚。在惩罚期内，如果承包商一直表现为信任行为，它将得到原谅；如果再选择机会主义行为，惩罚期将重新开始。承包商选择一次机会主义行为的总成本为：

$$(p+p^2+p^3+\cdots+p^n)(I_1-I_3)=\frac{p(1-p^2)}{1-p}(I_1-I_3) \qquad (5-1)$$

一次机会主义行为的收益为 I_2-I_1，所以信任产生的条件为：

$$\frac{p(1-p^2)}{1-p}(I_1-I_3)>I_2-I_1 \quad (5-2)$$

但是，要使承包商在惩罚期内接受惩罚和选择信任行为，n 不能太大，条件为：

$$I_3(p+p^2+\cdots+p^n)+I_1(p^{n+1}+p^{n+2}+\cdots)>0 \quad (5-3)$$

同时满足式（5-2）、式（5-3），承包商将回到信任的轨道上。

上面的讨论是在装备采购过程中，交易双方之间基于算计信任的产生情况。在装备采购这个特殊的交易过程中，需求方往往是施信者，而承包商往往是受信者。所以，装备采购过程中信任关系的建立关键还是取决于承包商的行为。

二、交易信任的产生

在前文分析的基础上，本节将从承包商的行为特征和交易双方的关系特征两个方面对装备采购过程中信任产生机制进行详细探讨。

（一）由承包商的行为特征产生的信任

在分析信任的内涵时，强调要从受信方的特征来分析。接下来我们将从承包商的能力、声誉、装备的重要程度等方面来分析由承包商的行为特征产生的信任。

1. 承包商的能力

承包商的研发创新能力是需求方在装备采购过程中最看重的因素，也是需求方对承包商产生信任的最重要的原因之一。在装备采购过程中，需求方首先考察的是承包商的能力。承包商是否有能力履行采购契约，按时、保质保量交付装备，是需求方关注的焦点。因此，承包商的能力会给需求方带来信心，从而赢得需求方的信任。

2. 承包商的声誉

随着我国市场经济体制的完善，我国的大型国有企业不仅生产军工产品，也在参与民品市场的竞争。那么，声誉就是承包商参与市场交易（包括军品交易和民品交易）的一种行为记录。信任既是面向未来的时间导向，也是立足历史的经验总结。因此，承包商可以通过关心合作伙伴的利益，或者愿意承担一定的成本来建立良好的声誉。良好的声誉是一种无形财富。承包商的良好声誉可以增进需求方的信任。由于声誉的脆弱性，承包商不会为了一些小利而破坏已建立起来的声誉。因此，拥有良好声誉的承包商会赢得需求方更多的信任。声誉是承包商与需求方建立信任的一个必要非充分条件。

3. 提供装备的重要程度

承包商提供装备的重要程度也是影响承包商与需求方信任建立的一个重要因素。提供装备的重要程度主要体现在以下两个方面：一是承包商提供的产品在需求方所需装备中所占据的地位；二是承包商提供产品的可替代性，包括技术可替代性和承包商选择的可替代性。承包商提供的装备在需求方所需的装备中占据的地位越高，产品的可替代性越低，那么承包商提供的装备就越重要，承包商和需求方之间就越容易建立信任关系。

（二）由交易双方的关系特征产生的信任

通过关系特征来分析交易双方之间的信任时，主要从交易经验、相互依赖性以及相互沟通三个方面展开。

1. 交易双方的交易经验

随着交易经验的增多，双方对彼此的了解会不断加深。当采购不确定性风险较大的装备时，需求方为了降低风险，往往会选择曾经有过成功合作经验的承包商。而且，在长期的合作中，双方的关系投资也会不断增加，从而增加了关系中止的转换成本。因此，需求方会给承包商更多的信任，同时转换成本的增加也会抑制装备采购过程中的机会主义行为，降低采购风险，提高采购效率。

另外，交易双方合作的历史不仅仅是简单的合作时间的积累，也是对彼此目标、价值观的相互认同。交易双方合作的历史越长，需求方就会对供应商的动机更加了解。装备采购过程中的信息不对称性也随之减小。

2. 交易双方的相互依赖

交易双方之间的相互依赖体现在两个方面：一方面，由于装备采购过程中大量专用性投资而产生的套牢效应，交易双方产生了相互依赖。装备采购是一种特殊的双边垄断交易模式。大量专用性投资造成了生产过程和产品的双边垄断性，即专用性投资使交易双方之间谁也离不开谁。这种相互依赖性使交易双方更容易建立信任关系。另一方面，由于市场上没有其他更好的或者是相当的选择，交易方的不可替代性使他们产生了相互依赖。在装备采购领域表现得更为明显，因为需求方在市场上可以选择的承包商是有限的。这也说明承包商和需求方之间的相互依赖性是不对称的。所以，需求方的依赖性和承包商的依赖性虽然都会对信任产生影响，但是他们对信任的影响方式是不同的。需求方在交易中往往处于劣势地位，常常会因为承包商的机会主义行为而造成巨大的损失。

3. 交易双方之间的相互沟通

沟通是交易双方之间有效、及时、正式或非正式的信息共享。关于信任与沟通之间的相关性已经被学者们普遍认可。但是，关于两者关系的方向性，学者们持有不同的意见。就装备采购具体实践而言，交易双方之间的有效沟通有助于建立信任关系。因为，交易双方在采购实践中最大的冲突就在于信息不对称，有效的沟通有助于缓解这种高不对称性，从而也有助于信任关系的建立。

三、信任模型

我们希望构建一个理论模型[①]来对装备采购双方治理中的信任机制进行总结。这个综合模型的逻辑基础是双方治理的长期合作导向性。假设交易双方过去的合作关系为 R_p，现在的合作关系为 R。

（一）静态博弈下的囚徒困境

在装备采购过程中，交易双方都有“合作”和“不合作”两种战略选择，如果双方合作，则都获得收益，当双方不合作时，其收益均为 0；如果其中的一方合作而另一方不合作，则不合作的一方获得投机收益，而合作的一方则因为受骗而遭受损失。图 5-4 表示了交易双方之间合作的静态博弈收益矩阵。

		需求方：信任	需求方：机会主义
承包商	信任	M_1，M_1	L，M
承包商	机会主义	M，L	0，0

图 5-4　交易双方静态博弈下的囚徒困境

在这个博弈中有：

$$M>M_1>0>L \tag{5-4}$$

$$2M_1>M+L \tag{5-5}$$

其中，式（5-4）表示交易双方单方策略选择的收益排序，式（5-5）可以理解为社会总收益，可以看出，就整个社会而言，双

① 这个理论模型主要借鉴了王颖的论文——《渠道关系治理研究——基于关系契约与信任的整合分析》中的相关模型，在此基础上有所修改。

方合作比不合作更好。显然，这个静态博弈唯一的纳什均衡是（不合作，不合作），对应的收益是（0，0）。

（二）走出囚徒困境

我们应该如何走出这个囚徒困境？有的学者提出的改进策略是重复博弈，认为只要博弈过程不断重复，不合作的局面就会改观。这也是前面讨论的KMRW声誉模型所体现的观点：当事人的可信度不是重要条件，只要满足一定的条件，此后的重复博弈就可以使双方进入合作均衡。

（三）重复博弈

首先，我们遵照交易成本理论的有限理性假设；其次，我们认为人性内核是分裂的，除了具有机会主义倾向，大多数行为者都具有可信任性。由于受博弈参与人有限理性的影响，博弈的合作均衡和演化过程将更加复杂。参与人的有限理性意味着在重复博弈的过程中，他往往不可能一开始就能找到最优策略，而是经过模仿和试错才能找到较好的策略，而且即使他找到了最优策略，有限理性的参与人仍可能再次偏离。假设有限理性参与人不可能一开始就找到最佳策略（合作，合作）。参与人中有些是合作型的，有些不是合作型的，并且参与人的类型会随着自身的学习过程和策略调整而发生改变。这就是说，即使参与人的学习速度比较慢，他们只要简单地依据过去多次博弈的结果来调整自己的策略就可能使博弈结果达到合作均衡。所以在有限理性重复博弈中，最优的均衡策略可以通过参与人的模仿、学习和调整过程达到，且这个均衡能够经受有限理性所引起的错误与偏离的感受。即这个均衡是稳定的。

因此，在上面分析的基础上，我们增加一个变量 ε（$\varepsilon \in [0, 1]$）来表示交易双方之间重复博弈的不确定因素，它表示博弈以概率 ε 重复进行，而 ε 取决于先前博弈的满意度。由于交易双方都是有限理性的，所以，只要合作的潜在收益超过不合作所带来的短期收益，双方非常愿意采取合作策略，即在满足$\frac{M_1}{1-\varepsilon}>M$的条件下，交易双方都愿意合作，装备采购得以顺利进行。但是，重复博弈即使满足$\varepsilon>1-\frac{M_1}{M}$的条件，合作也未必能够发生。从前面的分析可以看出，这只是合作发生的一个必要而非充分条件，下面我们来证明合作发生的充要条件。在重复博弈条件下，假设只要交易双方在第一轮博弈中进行合作，则双方就将永远合作下去。交易双方都不能完全确定对方在合作中会采取合作的策略。不妨假设在合作关系中，一方认为另一方在第一轮采取合作策略的概率为β_1（$\beta_1\in[0,1]$），β_1可以理解为交易双方之间的信任水平。

在合作中，对于双方来说，在第一轮选择合作的期望收益$E(C_1)$和选择不合作的期望收益$E(N_1)$分别为：

$$E(C_1)=\beta_1\left[\frac{M_1}{1-\varepsilon}\right]+(1-\beta_1)L_1 \tag{5-6}$$

$$E(N_1)=\beta_1 M \tag{5-7}$$

则双方选择合作策略的期望及收益为：

$$E(C_1)-E(N_1)=\beta_1\left[\frac{M_1}{1-\varepsilon}\right]+(1-\beta_1)L_1-\beta_1 M \tag{5-8}$$

所以，交易双方合作必须的最低信任水平为：

$$\beta_1^*=\frac{L_1}{L_1+M-\frac{M_1}{1-\varepsilon}} \tag{5-9}$$

理论上讲，重复博弈过程只要满足了$\frac{M_1}{1-\varepsilon}>M$的条件，双方就愿意进行合作，然而这只说明该条件是交易双方成功合作的必要非充分条件，它并没有考虑到交易双方不同策略选择对另一方的影响。从上面的推导过程可知，只有当交易双方之间的信任水平大于最低信任水平（$\beta_1>\beta_1^*$）时，重复博弈过程才能产生合作。因此，$\beta_1>\beta_1^*$ 是双方成功合作的充要条件。

事实上，表达式$\frac{M_1}{1-\varepsilon}>M$ 是表达式 $\beta_1\left[\frac{M_1}{1-\varepsilon}\right]+(1-\beta_1)L_1-\beta_1M$ 在 $\beta_1=1$ 时的特例，此时，交易双方之间的信任就是完全信任。

如果静态博弈收益矩阵假定为先前合作关系 R_p 的收益矩阵，那么，我们还可以得到当前第 i 合作关系 R_i 中交易双方的收益矩阵，如图 5-5 所示。

承包商 \ 需求方	信任	机会主义
信任	M_{1i}，M_{1i}	L_i，M_i
机会主义	M_i，L_i	0，0

图 5-5　交易双方 R 阶段博弈收益矩阵

同样，对于每次合作关系都有：

$$M_i>M_{1i}>0>L_i \tag{5-10}$$

$$2M_{1i}>M_i+L_i \tag{5-11}$$

假设在每一期交易中，都有$\frac{M_{1i}}{1-\varepsilon}>M_i$ 成立，也就是说，每次合作关系发生的概率为 $\varepsilon_i(\varepsilon_i\in[0,\ 1])$。

由于每次合作关系中的合作对象不变，因此从第一次到第 n 次合作关系可能存在一定的关联性，也就是说，交易双方之间的信任评价可以从先前的合作关系中得到积累，并传递到未来的合作关系中，这是信任的积累过程。为了考察信任积累对承包商收益的影响，假设在装备采购的长期合作关系中，承包商认为需求方在第一次合作关系和后续的每次合作关系的博弈中都选择合作策

略的可能性为 β'，它是这些交易阶段相互关联的合作关系中信任水平的加权平均值。假定前一次合作关系中信任水平在这两阶段合作关系中的相对权重值为 $\delta_i(\delta_i \in [0, 1])$，并且有：

$$\sum_{i=1}^{n} \delta_i = 1 \tag{5-12}$$

所以有：

$$\beta' = \sum_{i=1}^{n} \delta_i \beta_i \tag{5-13}$$

由于交易双方先前的合作关系已经发生，因此，$\beta_1 = \beta_2 = \cdots = \beta_{i-1} = 1$。这个表达式可以简化为：

$$\beta' = 1 - \delta_i + \delta_i \beta_i \tag{5-14}$$

而此表达式中 β_i 为后续第 i 次合作关系中交易双方之间的信任水平，这样权重值 δ 的实际含义为前后合作关系之间的信任积累水平，从另一个视角来说，也是前后合作关系的“关联度”。

当所有合作关系相互关联时，承包商在第一轮博弈中选择合作策略的期望值 $E(C_1, C_2, \cdots, C_i)$ 和选择不合作的期望值 $E(N_1, N_2, \cdots, N_i)$ 分别为：

$$E(C_1, C_2, \cdots, C_i) = \beta' \sum_{i=1}^{n} \frac{M_{1i}}{1 - \varepsilon_i} + (1 - \beta') \sum_{i=1}^{n} L_i \tag{5-15}$$

$$E(N_1, N_2, \cdots, N_i) = \sum_{i=1}^{n} M_i \tag{5-16}$$

因此，这两种合作关系关联时的合作条件为：

$$E(C_1, C_2, \cdots, C_i) - E(N_1, N_2, \cdots, N_i) > 0 \tag{5-17}$$

将式（5-15）和式（5-16）代入式（5-17）中，可以得到两种合作关系中最低的信任水平为：

$$\beta'_m = \frac{\sum_{i=1}^{n} L_i}{\sum_{i=1}^{n} L_i + \sum_{i=1}^{n} M_i - \sum_{i=1}^{n} \frac{M_{1i}}{1 - \varepsilon_i}} \tag{5-18}$$

将式（5-14）代入式（5-18）中，得到最低关联度为：

$$\delta_m = \frac{\dfrac{\beta_i - 1}{\sum_{i=1}^{n} L_i}}{\sum_{i=1}^{n} L_i + \sum_{i=1}^{n} M_i - \sum_{i=1}^{n} \dfrac{M_{1i}}{1 - \varepsilon_i}} \tag{5-19}$$

这就告诉我们，在交易双方所有的合作关系相互关联的情况下，当信任积累水平大于某个特定的最小值，即当 $\delta>\delta_m$ 时，交易双方在所有交易阶段中都会选择合作策略。

当采购双方的合作关系不关联时，在后续的合作关系中，只有当 $\beta_i>\beta_1'$ 时，交易双方才愿意合作。如果采购双方合作关系关联时，即使 $\beta_i>\beta_1'$ 不成立，只要满足 $\delta>\delta_m$，双方也会进行合作。$\beta'>\beta_i$ 是显然的，即便在 β_i 非常小时，即 $\beta_i<\beta'$，由于双方的合作关系存在一定关联，即 $\delta>\delta_m$，先前合作关系的信任水平 $\beta_1=\beta_2=\cdots=\beta_{i-1}=1$ 和信任积累水平提高了整个采购过程中总的信任水平 β'，合作仍然会发生。也就是说，在装备采购过程中，存在信任关系的传递，这是一种纵向的传递。即信任的积累，它提高了后来阶段采购过程需求方对承包商的信任水平，使双方的合作关系产生。这也是需求方倾向于选择有过成功合作经验的承包商建立新合作关系的重要原因。

上述分析再次证明了信任的长期合作导向性，能够建立交易双方信任关系的条件也正是面向未来的重复博弈。因此，交易双方之间信任机制建立的可能性，就为装备采购市场双方治理提供了现实基础。

四、信任对双方治理框架运行的影响

装备采购市场双方治理框架的运行必须面对不确定性和信息不对称的障碍。在这样复杂的治理环境下，信任机制就成为装备采购市场双方治理的关键。相互信任能比事先预测、依靠权威或进行谈判等手段更快、更有效地减少双方治理过程中的信息不对称和不确定性，提高治理绩效。装备采购市场双方治理靠的是引入自我实施的关系契约框架，而这种自我实施的协议就是以信任机制为治理基础的，因而它更强调自律和非正式的制度安排。自我实施机制大大降低了治理过程中产生的缔约成本、监督成本和各种适应成本，从而使装备采购的交易成本大大减少，更有利于提高双方治理的绩效。尤其是在装备采购双方治理框架下的长期合作过程中，采购双方之间的相互默契、理解和期望对双方治理框架的稳定运行十分重要。因此，装备采购双方治理必须重视发挥信任机制的作用。

（一）信任机制有利于促进交易双方之间的合作

信任机制的确立有利于在交易双方之间建立起良好的社会资本。而根植于采购双方之中的社会资本又有利于采购双方的协调行动，推动交易双方之间合作关系的良性发展。关于企业合作关系的文献表明，良好的合作关系可以在降低交易成本的同时促进他们的竞争优势（Zaheer & Venkatraman，1995）。因此，交易双方之间的信任机制既可以促进需求方提高装备采购的效率，又可以促使承包商提高自己的核心竞争力。

（二）信任机制有助于装备采购市场双方治理的冲突管理

交易双方之间存在的利益冲突是装备采购市场双方治理结构的重要属性。需求方作为国家安全的重要提供者，考虑的是整个国家的安全效益，希望能以适当的价格获取最大的安全利益。承包商虽然作为装备研制单位，也有尽最大努力提供最好装备的义务。但是，在市场经济条件下，承包商作为一个市场主体，又有追求自身经济效益最大化的本性。这就会导致双方治理中产生利益冲突。在互不信任的情况下，利益冲突将阻碍信息交流，产生机会主义行为。在双方治理过程中，相互信任、及时沟通有助于协调交易双方之间的利益冲突。

（三）信任机制有助于装备采购市场双方治理框架的确立与稳定

信任机制有助于装备采购交易双方长期合作关系的形成。这种长期合作关系就是装备采购双方治理框架稳定的具体表现。装备采购双方治理框架是通过自我履行的关系契约构建起来的。信任和声誉等非正式机制在这种框架中发挥着极其重要的作用。没有信任机制，装备采购市场双方治理就成为无源之水、无本之木。因此，信任机制是装备采购市场双方治理框架的现实基础。

第四节　信任的嵌入性视角

信任是交易过程中的一个社会性因素。交易中的信任是关系社会学观点的一个基本原理。社会嵌入性通过初始信任及其威胁降低了使用承诺的必要性。新经济社会学的观点认为，信任可以理解为规范嵌入社会网络过程的副产品，而通过理性主义的工具性手段很少产生信任（Granovetter，1985）。本书结合这些观点从过程和结构的维度来对装备采购过程中的信任机制进行嵌入性视角的拓展。

一、过程性嵌入

在装备采购市场双方治理过程中，时间对信任的产生和作用发挥都非常重要。交易双方随着时间的推移逐步建立信任。随着合作关系的发展，他们意识到交易并不会擅用彼此之间的相互依赖性，或者意识到交易方能够富有建设性地解决一些冲突。Ganesan

(1994) 发现，信任在交易双方决定采取长期导向过程中起着关键性作用。

（一）回顾历史

通过回顾与承包商合作的历史，如果需求方可以从承包商身上发现正面经验，即承包商已经证明自己是有能力的而且是值得信任的，那么需求方就有理由付出初始信任。实际上，信任可以说是“历史的投影”。交易双方是在用这些早期关系来建立相互的信任。交易双方良好的合作关系历史为初始信任的建立提供了良好的信息依据。这些信息使在装备采购过程中双方对契约性承诺的需求更少。有研究把交往历史同契约安排的正式性联系在一起，认为彼此熟识的交易伙伴将依靠更不正式的、成本更低的契约。

（二）展望未来

与着眼于交易历史的信任相对应，事实上也存在着眼于未来的信任。交易双方对未来合作关系的良好预期会促使他们优先考虑在将来与这些交易伙伴再次合作。需求方期望和承包商在将来继续合作，则会对其产生最初的信任，因为他们确信对方不会滥用这种信任而损害到未来的交易。

信任是装备采购过程中交易双方之间持续性合作关系得以维持的关键因素。装备采购过程中信任机制在过程维度的后向嵌入是指一种经验和推理。因为算计或认知都是信任的元素之一，理性的算计和“信念的跃迁”都可以构成信任。信任是对推理和经验产生期望的一种跃迁，这种推理和经验只是作出跃迁的基础平台。信任是交易双方在长期交易合作中的经验总结。这个基础平台进行的信念跃迁则是以未来为导向的，是交易双方之间的信任在过程维度的面向未来。

与装备采购关系契约的长期导向性相吻合，交易双方之间信任的长期导向性对于关系的价值所在也是“前向嵌入”，是以“未来”为导向。格兰诺维特认为，信任是将社会网络嵌入社会结构，并保证未来持续交易的关键因素。在装备采购过程中，信任是双方治理中的一个重要概念。由于信任的存在，一方相信自己的要求会在另一方采取的行动中得到实现。现在普遍接受的观点是，信任支撑交易并帮助当事方勾勒未来的交易图景。

二、结构性嵌入

与承包商之间的信任不仅能通过过去的交易和未来的接触产生，还能通过嵌入在社会网络中的个人间的联系产生。这就是交易双方之间信任的网络嵌入性。在网络嵌入性中，可以分为退出网络和话语网络，后者指的是交易双方接触信息和传播信息的能力，而前者指的是需求方或承包商可以寻找的替代性交易伙伴。

（一）退出网络

社会网络提供了装备采购双方与可选择的交易方进行接触的机会。如果需求方发现了其他潜在的可选择的交易方，则很容易从采取机会主义行为的承包商转换到其他承包商。这种需求方潜在退出的威胁会让承包商意识到不应采取机会主义行为，因为从持续关系中所获得的长期利益会大于采取机会主义行为而获得的短期利益。另外，退出威胁只有在需求方可以仅靠自己或与替代伙伴一起就可以继续原计划时才是可信的。退出网络显示了替代性承包商的可获得程度。这样，拥有良好的退出网络可以抑制承包商采取机会主义行为，从而减少对契约性承诺的需求。

（二）话语网络

终止合作威胁是一种确保需求方从交易伙伴获得合作的方法。另一种方法是基于话语权。在装备采购过程中，话语威胁的希望寄托在承包商对自己声誉以及对装备研制承包商资格的重视。这样，需求方能够进行替代性选择，并因为某一承包商实施的机会主义行为而对其进行惩罚或者取消承包商资格，使该承包商的声誉受到损害，影响其将来的业务。话语威胁只有在需求方可以重新考虑与该承包商的当前及将来业务时才会起作用。话语网络不仅传播可信任的承包商信息，也会传播不可信任的承包商信息。因此，存在于叠加网络中的承包商会建立初始信任，从而招致需求方的消极回应。

第五节　本章小结

信任在装备采购市场双方治理框架的运行中发挥着重要作用。它是装备采购过程得以顺利实现的前提，直接关系到双方治理的成效。本章首先从理论上对信任的内涵及其治理功能进行了分析。信任的内涵需要从信任是一种互动过程、信任需要超越绝对机会主义行为动机和信任产生于互动三个方面来理解。信任产生的路径大致有算计路径、预测路径、动机路径、能力路径和传递路径。信任的治理功能主要表现为经济功能和管理功能。

装备采购市场双方治理框架的运行是以交易双方之间的信任为基础的。他们之间的信任是指交易双方基于风险和相互依赖，一方相信另一方有意愿并且有能力去履行契约条款，同时任何一方不会利用对方的弱点去谋取私利。交易双方之间的信任形式可以表现为基于算计的信任、基于制度的信任和基于共识的信任。结合这个双方治理框架的运行，我们构建了交易双方之间信任关系的概念模型，从感性的角度描述了双方之间信任的产生过程。

我们引入重复博弈的思想，对装备采购双方治理框架运行过程中的信任问题进行了建模，从理论上证明了交易双方之间信任关系的长期导向性。信任在装备采购市场双方治理框架运行过程中的作用主要表现为促进交易双方之间的合作、有助于在治理过程中加强双方的冲突管理、有助于装备采购市场双方治理框架的确立与稳定。

从嵌入性视角分析了装备采购双方治理框架中信任机制的过程性嵌入和结构性嵌入。把装备采购市场双方治理中交易双方之间的信任关系纳入其所处的社会网络中进行分析。

第六章

装备采购市场双方治理框架的拓展：嵌入性视角

装备采购市场双方治理除了从经济学和信任的视角进行分析外，还应该考虑装备采购过程中交易双方关系契约所嵌入的社会结构等非经济性关系。从新经济社会学视野来看，交易关系治理往往是多维的。在交易过程中，缔约前和缔约中形成的社会关系的深度和广度影响着关系契约的自我履行。本章在明确信任关系在装备采购市场双方治理框架运行中重要作用的基础上，引入嵌入性视角对双方治理框架进行拓展，使其更贴近现实、更具有解释力。

第一节　嵌入性视角对装备采购市场双方治理框架的深化

在经济学分析框架下，资产专用性和不确定性会给装备采购带来严重的机会主义行为问题。因此，经济学逻辑强调了装备采购契约事后保障机制的重要性。但是，这种逻辑忽视了装备采购过程中许多事前影响因素。可见，简单地把关系契约理解为一种隐性自我履行机制的思想也存在一定局限。这就是格兰诺维特所告诫经济学者的“社会化不足”问题。他认为，在防止“社会化不足”的同时还需要防止“过度社会化”的出现。借鉴他的观点，我们可以认为装备采购过程中交易双方之间的交易关系不仅是一种简单经济行为，而且是与社会环境相联系的社会行为。一方面，在传统经济学框架将参与装备交易的双方简化为理性经济行为人的基础上，纳入嵌入性视角，构建新的分析框架。另一方面，将装备采购市场双方治理过程中产生的各种社会关系网络作为嵌入的具体内容，使这个分析框架更具有可操作性。因此，在装备采购市场双方治理过程中，嵌入性视角的引入是增强双方治理框架的针对性和现实说服力的重要手段。

一、装备采购交易过程基本分析单位的深化

（一）基本分析单位的拓展

要通过嵌入性关注装备采购关系契约所处的社会关系网络，就必须调整原有框架的基本分析单位，在关注交易的同时也要把与之相关的关系纳入基本分析单位。这种深化的一个重要特征在于综合考虑装备采购过程的社会属性和经济属性，而不再仅仅局限于关注其经济属性。这种拓展比原先仅仅从经济学逻辑的分析显得更加丰满，从而使这个治理框架更贴近现实、更具有解释力。

装备采购体系逐渐融入整个国民经济体系已是必然趋势。因此，把装备采购纳入整个社会经济网络中进行分析就显得十分必要。

（二）装备采购关系契约的关系属性

交易成本分析框架关注的是装备采购关系契约的自我履行机制。引入嵌入性视角的新框架则以装备采购过程中交易双方的合作关系本身为基本分析单位，关注装备采购过程中交易双方之间关系契约的不完全性和长期导向性。装备采购契约深深根植于它

所处的社会环境中，契约的履行具有明显的社会属性特征。本章的嵌入性分析就是要突出强调交易双方之间关系契约履行的社会性因素。

1. 装备采购关系契约的不完全性

经济学分析框架认为装备采购过程中交易双方之间关系契约是离散的，仅仅规定交易双方在装备采购过程中的经济性权利和义务关系的合理性，忽视了该契约中蕴含的社会关系的作用以及该契约向外、向前延伸对他人和社会的影响。也就是说，经济学分析框架忽略了交易双方之间关系契约与社会环境之间的互动。但是，在麦克尼尔（2004）看来，完全的离散契约和完全的关系契约在现实经济生活中都是不常见的。现实经济生活中的契约分布更多呈现的是分散在离散型契约和完全关系型契约中的连续契约谱系。在装备采购具体实践中，交易双方可以通过将许多难以用正式契约加以明确的契约条款留待今后根据具体需要再做临时的调整。

在双方治理框架下，关系契约的存在使交易双方在装备采购过程中并不期望通过签订一个完全契约来对交易期间可能出现的机会主义行为进行完全的规避。相反，它的根本目标是希望构建一个随着时间推移和交易形势发展而能够做出灵活调整的治理框架。这就是本书提出的双方治理框架。在该框架下，交易双方围绕装备采购的核心要素——价格、进度和质量，在关系契约框架的指导下进行周期性谈判。这种灵活的周期性谈判机制能够有效应对那些无法通过明确的契约条款来阻止的机会主义行为。Crocker 和 Masten（1991）也强调关系契约应对交易过程中因不确定性因素导致的或然事件上具有灵活性。

2. 装备采购关系契约的长期导向性

首先，交易双方之间的关系契约在时间维度上具有长期导向性。时间是装备交易关系中的一个重要维度。交易双方之间合作关系的关键特征就在于双方互动的时间维度。这一维度的重要意义体现在两个方面：其一，时间维度能使装备采购双方将新型合作关系与传统交易模式形成对比。其二，交易双方之间合作关系的延续性具有独特的保障和适应性等特点。在装备采购市场双方治理过程中，交易双方之间合作关系持续时间越长，他们之间的信任累积就越多，交易顺利达成的保障性条款就更少。

其次，在装备采购市场的双方治理过程中，交易双方之间关系契约的长期导向性以未来的长期合作价值为导向。实际上，承包商期望能够长期获得需求方订货，而需求方期望能够通过与承包商保持长期合作以降低交易成本实现最大化的采购效益，这是交易双方之间关系契约最本质的关系属性。因此，我们可以将交易双方之间的关系契约理解为长期合作导向的未来采购项目价值的现值支撑。因此，在装备采购的双方治理过程中，交易双方之间合作关系的长期导向性可以分解为回顾历史和展望未来两个方面。前者是一种向后的嵌入机制，后者是一种向前的嵌入机制。真正决定交易双方之间关系契约的功能和价值的方面是向前嵌入，即面向未来。因此，契约是一种运用于装备采购实践中以降低采购风险和不确定性的保障机制。在装备采购的双方治理过程中，能够促使双方保持长期合作关系的不是历史交易记录而是对未来采购项目带来的预期收益（Macaulay，1963；Macneil，1974）。

3. 装备采购关系契约的动态性

按照麦克尼尔的观点，契约行为是需要经历一段时间的动态过程的。Lusch 和 Brown（1996）也意识到了在关系型交易下，契约形态和关系行为的动态性。在装备采购关系契约中，其动态性特征更加明显，这是由装备采购的长周期性特征决定的。在装备采购项目的履约过程中，必须面对各种不确定性，如需求的不确定性和技术的不确定性。首先，装备需求与国家发展战略以及外部安全环境存在很大的相关性，国家所处的外部环境的不确定性决定了装备需求的不确定性。其次，科学技术发展突飞猛进，所采购装备的技术指标会随着科技的发展而不断调整，从而使装备采购也面临很大的技术不确定性。这些不确定性就决定了装备采购关系契约的动态调整性。

二、装备采购市场双方治理框架的深化

（一）嵌入性对信任机制的拓展

在装备采购市场双方治理过程中，双方的交易行为嵌入他们所处的社会环境中，而社会环境的核心是由在交易过程中形成的各种人际关系和组织关系所构成的社会网络。交易双方之间的信任来源于这个社会网络，也深深嵌入社会网络中。在本书的分析中，信任是装备采购市场双方治理框架运行的重要条件，是装备采购持续性合作关系得以继续的关键因素。

在装备采购市场的双方治理框架下，交易双方在经济学逻辑下的信任是基于经济理性的算计性信任，而嵌入性分析则从社会网络的视角对它的算计性框架进行拓展。通过引入嵌入性视角拓展信任机制至少有两个方面的意义。首先，告诉我们仅仅依靠正式制度安排来解决装备采购过程中的逆向选择、道德风险等机会主义行为问题是不够的；其次，可以证明装备采购过程中的信任并非仅仅能够由制度安排产生。因此，我们必须在新制度经济学的框架下引入嵌入性视角来对交易双方之间的信任进行这两方面的拓展。本书借鉴“人性内核分裂模型”思想，不再将人视为完全自私自利的“经济人”，而是超越了经济理性，将建立在非正式制度基础上的信任与机会主义并列为交易双方行为假设的内容。这是对威廉姆森“契约人”假设的拓展。

（二）嵌入性对交易双方之间关系契约内涵的充实

格兰诺维特的嵌入性思想有助于对装备采购市场双方治理过程

中交易双方之间关系契约维度进行深入研究。通过借鉴格兰诺维特嵌入性的分析思路，笔者认为，交易双方之间的正式契约立足于契约法，契约法构成了完全的缔约背景和依据；而交易双方之间的关系契约只部分依靠于法律体系，部分则嵌入了交易双方所嵌入的社会关系体系。在装备采购市场双方治理过程中，交易双方之间关系契约的重要任务是应对装备采购过程中大量的专用性投资和巨大的不确定性。这种关系契约以不完全性来换取事后调整的灵活性。这种灵活性是交易双方之间通过正式契约无法实现的。要克服装备采购过程中交易双方的有限理性和机会主义行为，降低装备采购过程中交易成本，就要依靠交易双方基于长期合作的连续协商来解决。

（三）嵌入性对双方治理框架结构维度的拓展

交易成本分析框架的契约人假设借鉴了纯粹经济人假设，认为人具有完全机会主义行为动机，而忽视了一些社会性因素对人经济行为的影响，对信任、文化等因素的经济功能理解不够。威廉姆森也意识到了这种现象，他承认机会主义行为会受到文化、风俗、道德观念和习惯等社会性因素的影响，但并不认为私人治理只有在社会规范被承认的情况下才能实现。那么，除了私人秩序外，还有什么机制能够实现对复杂交易的治理？嵌入性分析的视角为我们提供了一个很好的思路，那就是在丰富多彩的现实社会环境或关系型交易模式下所内生的一些自觉的、具有自我履行功能的行为规范系统对复杂交易具有有效的治理功能。这为装备采购市场双方治理框架在结构维度的拓展提供了思路。

（四）嵌入性对装备采购双方治理框架过程维度的拓展

交易成本理论注重的是双方治理的结构维度，将资产专用性作为交易双方形成以关系契约为基本框架的双方治理结构的根本原因。通过将嵌入性概念纳入现有分析框架，不但关注装备采购过程中需求方和承包商的交易合作关系，而且也要关注双方之间与交易相关的社会行为。这就为装备采购市场双方治理过程中交易双方之间的关系契约研究提出了一条新的路径。

在新制度经济学框架下，装备采购市场双方治理主要关注交易双方之间关系契约的自我履行，而本章关注的重点则是装备采购过程中的关系规范发展，把研究的视角拓展到装备采购市场双方治理的过程维度。无论是新制度经济学的交易成本分析框架还是新经济社会学的嵌入性分析框架，时间都是一个重要的维度。前者只是从经济理性的逻辑单向地关注交易双方之间通过关系契约缔结形成的长期导向特性，却忽略了装备采购双方治理过程中与交易双方合作关系本身相联系的一些重要过程特征。然而，嵌入性分析框架下的时间维度更强调在装备采购过程中，交易双方之间基于长期合作导向形成的合作关系随着时间嵌入而与其所处社会环境形成的良性互动，嵌入性分析的时间维度更广泛、更持久。在嵌入性分析框架下，交易双方与社会环境之间的互动包括交易、适应和协调三个基本过程。这就突出了社会性因素在装备采购市场双方治理过程中的治理功能随着双方之间合作强度、密度的改变而改变的特征。这是新制度经济学中交易成本分析框架无法体现的。同时通过向后嵌入的分析，还能够发现缔约前社会性因素对交易双方之间关系契约治理的影响。这也是只有嵌入性分析框架才能够做到的。

第二节　装备采购市场双方治理框架的嵌入机制

本章第一节从嵌入性视角分析了装备采购市场双方治理框架

的深化问题。本节我们将具体分析双方治理框架的嵌入机制。

一、双方治理与嵌入性结构

（一）装备采购市场的嵌入性结构

装备采购市场的双方治理框架作为应对装备采购交易发展的一个有效框架，不仅需要考虑装备采购过程中的经济性因素，而且还要考虑各种经济性因素和社会性因素综合作用的结果。例如，由于需求方需求的突然性剧烈波动而产生的与之相适应的装备市场和承包商的变化的要求；大型装备系统所涉及的各级各类承包商的协调要求；由于定制化生产而产生的防止交易机会主义行为的要求；等等。这些因素影响着装备采购市场机制作用的发挥，使装备采购的关系性交易契约在纯粹市场机制下得不到有效的自我协调和自我履行。同时，这些因素也使科层治理框架统一协调的作用难以发挥。因此，在经济学逻辑下构建的双方治理框架，还需要进行嵌入性视角的拓展。

装备采购的关系性交易会引致嵌入性结构。装备及其交易过程的复杂性要求交易双方之间要良性互动才能完成交易，这使双方在装备采购过程中形成灵活的合作关系成为可能。装备的定制化要求和高技术特征使装备采购过程充满不确定性和机会主义行为风险。这就要求交易双方能够进行灵活的协调和有效的机会主义行为防范，这也推动交易双方之间的互动以及相关信息共享。装备采购过程中的这些交易保障条件都要求在交易双方之间的相互合作以及在通过嵌入性结构形成的社会网络中进行协调。所以装备采购市场双方治理框架有效地运转，实现对装备采购特殊交易过程的适应、协调和保护离不开嵌入性结构的重要作用。而且，也只有具备了这些条件以后，装备采购市场的双方治理框架才能稳定、高效地运转。

（二）装备采购市场中关系性交易秩序应立足于嵌入性结构

在关系性交易条件下，组织会形成嵌入性结构（刘清华，2003）。装备采购的嵌入性结构是交易双方在装备交易过程中相互影响以及这些影响如何变化的函数。这种嵌入性结构把交易双方聚集起来，在他们之间形成信息的流动。另外，在嵌入性结构形成的网络中，由于交易双方之间相互了解，他们更加关注彼此信息，更能共享信息。嵌入程度越高，交易双方对相互的信息就越了解，嵌入性结构对双方的行为形成的约束力就越大。

嵌入性结构对装备采购市场双方治理中交易秩序的建立十分关键。一方面，它促进双方治理框架所需行为规范的形成和传播，协调交易双方的个体化行为；另一方面，它传递交易双方的行为与战略信息，有利于保护装备交易的进行。因此，嵌入性结构使双方之间的交易可以采用开放式的关系契约，使社会性因素在促进交易和抑制机会主义行为中发挥重要作用。嵌入性结构在装备采购市场双方治理中的主要作用如下：

第一，信息传递。通过嵌入性结构，需求方可以了解应该从什么样的承包商那里获取装备，不应该与什么样的承包商缔结采购契约，从而降低装备采购过程中遴选承包商的成本，减少信息不对称性。

第二，文化培育。由于嵌入性结构使需求方和整个国家工业基础成为一个社会网络系统，这个以装备采购为中枢的社会网络中的成员可以通过嵌入性结构实现信息共享，从而促进一些共同的价值规范逐渐制度化，形成一套装备采购文化。

第三，形成合意。在嵌入性结构中，交易双方必须了解对方的机会主义行为倾向，以联合惩治欺诈行为。所以，没有嵌入性结构，就不能形成一种交易合意，无法建立起一种集体意志。

第四，突出声誉效应。在装备采购市场的双方治理过程中，交易双方都会在通过嵌入性结构形成的社会网络中强化自身的声誉作用，通过声誉效应来阻止潜在的机会主义行为和促进双方治理的实现。

二、嵌入性结构的构成要素

装备采购市场双方治理的嵌入性结构是综合装备采购过程中各种社会性与经济性因素的总和。在装备采购过程中，各种纽带会在交易双方之间的关系性交易中发挥各自应有的作用。交易双方在装备采购过程中的嵌入性结构的构成要素包括以下几个方面：

（一）交易双方之间的信任

信任是双方治理得以顺利运行的基础，这一点已得到了许多研究的证明。在装备采购过程中，关系性交易背景促使交易双方之间的信任机制通过组织间的非正式关系得以建立，并通过关系纽带形成共同的价值观和道德感。在装备采购市场双方治理过程中，信任机制会通过社会关系形成制约，通过关系互动塑造对集体身份的认同，促进双方在装备采购过程中严格按照契约办事，不轻易出现机会主义行为。可以说，在装备采购市场双方治理框架中，信任可以减少装备采购的搜寻费用和谈判费用。

虽然信任在装备采购市场双方治理过程中具有基础性作用，但是信任机制作用的发挥离不开嵌入性结构形成的其他机制的配合。因此，要最大限度发挥信任在装备采购市场双方治理框架中的作用，防范机会主义行为，还必须建立相配套的保障措施。这正是嵌入性结构的作用之一。

（二）装备采购过程中的承诺

承诺是影响装备采购过程中交易双方长期合作关系的重要因素之一。很多学者都关注到长期关系中的承诺问题。承诺能够给对方传递一种愿意加强或维持长期合作关系的意愿，这种意愿会成为双方合作关系管理的重要因素。按照博弈论的观点，承诺能否有效，关键要看承诺方发出的承诺是否可置信。在装备采购的双方治理过程中，交易双方能够通过采取某种措施改变自己的行动空间或支付函数，使不可置信的威胁就可能变为可置信的威胁，从而改变博弈的均衡结果。那么，这些为改变博弈结果而采取的措施就是装备采购双方治理框架中的“承诺行动”。这种承诺体现在以下两个方面：

1. 选择某种行动的承诺

在装备采购过程中，需求方或承包商可置信的承诺是改变对方行为、阻止机会主义行为的有效途径。如果需求方或承包商所作出的承诺能够让对方感觉到是可置信的，那么这个承诺就可以改变双方的支付空间或收益函数，从而抑制机会主义行为，促使双方多做有利于长期合作的行为，不做有损于长期合作的机会主义行为。这种可置信的承诺就变成一种维护长期合作意愿的可置信威胁，从而促使交易双方在装备采购过程中的关系嵌入程度更紧密。

2. 采取触发策略的承诺

这种承诺是明确告知承包商，如果承包商一旦采取某种机会主义行为，需求方将会采取以牙还牙策略。如果承包商觉得需求方的触发策略是可置信的，那么承包商就会在未来长期合作的收益和一次机会主义行为的收益之间作出权衡。如果长期合作的收益远大于一次机会主义行为的收益时，承包商采取机会主义行为就是不可取的。但是，在引入嵌入性结构的装备采购市场双方治理框架中，嵌入性结构形成的社会网络会给承包商带来很多无形的收益，如声誉资本的积累、国家政策的扶持等，那么在这种情况下，长期合作的收益肯定会远大于一次性机会主义行为的收益。此时，需求方的触发战略承诺对于承包商来说就是可置信的威胁。这个威胁会对承包商产生一种不背叛基于长期合作关系的正向激励。因此，可置信的威胁是保证装备采购关系契约履约绩效的一个重要因素。

总之，承诺是一种行为信息的明确表达。通过这种行为信息的传递，可以加深交易双方之间的相互理解和认同，促进双方之间的合作，减少装备采购双方治理中的交易费用，提高采购效率。

（三）承包商的声誉效应

声誉效应是承包商和能力的一种信息传递机制。承包商的声誉传递信息包括承包商的科研生产能力、履约情况以及综合实力等。承包商的声誉对装备采购市场双方治理中契约履行十分重要，这也是新制度经济学框架下装备采购市场双方治理的一个重要逻辑。对于复杂的高科技装备而言，其采购过程中双方治理所面临的不确定性因素很多。需求方更需要关注承包商，加深对承包商各种信息的收集和了解。那么，承包商的声誉就可以为需求方了解承包商的核心竞争力、科研实力和生产能力等信息提供一定的参考，减少装备采购市场双方治理过程中的信息搜寻成本。

承包商的声誉之所以能促进和保护装备交易，是因为它有助于缓解装备采购过程中的欺诈行为，从而促进双方的合作。同时，声誉也是能够为承包商带来巨大潜在收入的无形资产。如果承包商不重视自己的声誉而采取机会主义行为，那么就会失去这些潜在的收益。明智的承包商一般不会采取这样的行为。因此，承包商的声誉对于装备采购市场双方治理框架的运行具有很好的保障作用。

当然，承包商的声誉也不是完全有利的，因为它可能是不准确的或者被曲解的，而且声誉在传播过程中还可能会被有意或无意地扭曲。另外，虽然声誉能够减少治理过程中的信息搜寻成本，但是如果需求方过分依赖于承包商的声誉对承包商进行甄别，那么需求方就可能不自觉地缩小了可选择的范围，从而影响装备采购双方治理的效果。

（四）装备采购的转换成本

装备采购的转换成本是指需求方在装备采购市场重新选择承包

商或者承包商退出装备采购市场所必须承担的一次性成本。转换成本是影响装备采购竞争机制发挥作用的重要因素，包括重新训练人员、增加新设备、重建生产线等带来的成本，这个成本与资产专用性有一定的联系。资产专用性是转换成本存在的一个重要原因。资产专用性越高，转换成本就越大。导致转换成本存在的因素还包括可供选择的承包商数量少以及技术限制等。

在装备采购双方治理的嵌入性结构中，无论是对于需求方还是对于承包商来说，转换成本都是一个约束机会主义行为的有效机制。因为机会主义会导致交易的瓦解，从而面临巨大的转换成本，对于提供装备的承包商而言，如果没有需求方的订单，那么它的效益会大大缩小。承包商将面临很大的转换成本。因此，转换成本是阻止机会主义行为的重要机制，它会保持装备采购关系契约运行的稳定性。

（五）交易双方的依赖性

在装备采购市场的双方治理过程中，交易双方之间的相互依赖更是一种关系各自生存的相互支撑关系。需求方依赖于承包商提供的装备来履行自己的责任，而承包商的生存和发展要依靠需求方的订单来维持。因此，相互依赖性必然进入双方治理的嵌入性结构中。装备采购过程中交易双方之间的相互依赖可以从两个方面来考察：第一，需求方的采购项目对承包商的收益影响越大，承包商对需求方的依赖性就越大。第二，需求方在某个装备采购项目中寻找可替代的承包商的难度越大，需求方对承包商的依赖性就越大。

三、嵌入性结构的本质

在第二章提到了装备采购市场的双方治理其实是一种介于市场治理和科层治理之间的中间交易形态治理框架。一些非正式的制度如信任、承诺、声誉等在装备采购市场双方治理过程中发挥着重要作用，它们是抑制机会主义行为的有效机制。这些非正式制度因素往往会形成装备采购市场双方治理过程中的重要关系规范。麦克尼尔等认为，交易中关系规范是决定契约有效履行的关键。

新制度经济学框架下以资产专用性、交易频率、不确定性等为分析工具的关系契约的内容，是对装备采购市场双方治理框架的界定；而装备采购过程中的关系规范则是保障交易双方之间关系契约运行的社会过程和社会规范。从嵌入性视角来看，装备采购市场双方治理是交易双方之间的关系契约通过关系规范的发展。

（一）装备采购市场双方治理框架中关系规范的属性

1. 自我履约性

装备采购市场双方治理过程中的社会规范是可以实现自我履行的。它是装备采购市场双方治理过程中关系规范得以导入供需双方之间的关系契约成为其实质内容的关键，是装备采购关系契约自我履行机制的基本来源。在装备采购市场双方治理过程中，交易双方之间关系契约的自我履行是指双方在装备采购过程中表现出的自我克制以履行契约的期望。这种自我履约性体现出装备采购交易治理的私人秩序，而不需要第三方介入的关系规范特征。

2. 长期导向性

长期导向性在装备采购市场双方治理过程中发挥着十分重要的作用。关系规范的长期导向性是指交易双方在交易过程中形成的嵌入性结构，未来长期合作的预期对双方在当次交易中的行为有重要的影响。由于存在长期合作的期望，交易双方在交易过程中形成了更加注重培育关系性交易行为的合意。

3. 动态性

交易双方在装备采购市场的双方治理过程中所嵌入的关系规范会随着整个社会外部环境的变化而变化。因此，这些关系规范是动态的。在装备采购过程中，关系规范会在持续时间较长的采购周期中随着双方了解的加深和外部社会环境的变化而变化。所以，装备采购过程中的关系规范具有动态性特征。

4. 多元性

市场经济的本身就是强调多元性。因此，在装备采购市场双方治理过程中由多元的市场主体通过嵌入性结构形成的关系规范必然也是多元的。麦克尼尔在《新社会契约论》中对各种关系规范进行了详尽的分类，划分出了十种中间性规范，并把它们归纳为五种关系性规范，这些规范所约束的行为内容是不同的，大致上涵盖了关系缔约和关系行为的全部内容。这样的分类在装备采购过程中同样适用。

（二）装备采购市场双方治理框架中关系规范的生成路径

装备采购过程中嵌入性的关系契约可以通过双方治理过程中交易双方之间长期合作关系的内生和社会规范的内部化两种途径形成关系规范。在治理过程中，关系规范内生是指交易双方通过关系契约自我履行而形成一系列维护装备交易合作关系，并对交易双方具有一定约束的行为准则或交易文化。在装备采购市场治理过程中，交易双方之间的关系契约往往倾向于在嵌入性结构中形成自己的内部规范。这些内生的关系规范对交易双方之间关系性交易的成功运作至关重要。装备采购过程中关系规范在关系建立初期开始形成，主要体现为长期合作期望的发展。装备采购的内生关系规范产生之后，会随着交易双方之间合作关系的发展而演进。

关系规范生成的另一个路径是通过使装备采购所处社会环境的社会规范内部化。麦克尼尔认为，契约行为就是为迎合其所产生的社会而出现的。根据麦克尼尔的思想，就出现了内在规范和外在规范。例如，外在的有关装备采购的法律法规就成为承包商自觉履约的内在规范。在双方治理过程中，交易双方会随着合作关系的紧密、更多的外部规范内部化以及双方交易关系紧紧嵌入其所处的社会关系，装备采购市场双方治理将能够更多地使自我履约的社会规范内部化为关系规范。

（三）装备采购市场双方治理框架中关系规范的作用机理

在理解了装备采购过程中交易双方之间关系规范的形成途径后，就很容易理解关系规范在装备采购市场双方治理中的作用机理。在装备采购市场双方治理过程中，关系规范的作用机理是，在基于长期合作关系的装备采购关系性交易过程中，交易双方通过交易关系嵌入其所处的社会环境，形成与装备采购相关的嵌入性结构和社会网络。在这个社会网络中，装备采购所处的社会环境的各种外部规范和法律法规随着交易双方合作关系嵌入程度的增加，逐步内化为装备采购市场双方治理的关系规范，并与交易双方嵌入社会环境中所内生的内部规范一起成为交易双方之间关系契约的本质内容，并成为激励和约束装备采购契约实现自我履行的重要机制。

第三节　装备采购市场双方治理框架的拓展

一、装备采购市场双方治理框架的拓展：结构维度

在结构维度上，嵌入性对双方治理框架的拓展主要通过两个主

体和路径来实现。一是由组织自身在组织层面上完成；二是组织赋予个体以角色，然后由个体嵌入来完成。这就是角色关系和人际关系之间的交互嵌入。双方的交易关系主要通过社会过程实现社会嵌入。具体来讲，社会分为两个层面：组织层面的社会过程，如交易双方共同参与社会活动、交易双方之间的信息共享等；个体层面的社会过程，如人际交往等。个人角色关系嵌入人际关系中的同时，组织间的关系嵌入到社会关系中。

（一）组织层面的结构性嵌入

关系契约在组织层面特定化为规范契约，规范契约和显性契约之间互补，确保了装备采购市场双方治理框架的实现。关系规范作为规范契约的实质内容，由过程和规范两部分构成。在具体的采购过程中，很多关系行为难以被划分为过程或规范。例如，“信息交换”“交流沟通”等常常被视为关系过程，但从对采购交易主体提出行为的要求来看，又可以理解为关系规范。装备采购过程的交易行为嵌入是由组织层面的关系过程和关系规范来完成的。从关系过程的角度来看，显性契约和规范契约之间的关系体现为正式过程与非正式过程之间的结构关系。从短期来看，装备采购交易主体之间的非正式关系过程与行为不以其自身的利益为唯一导向。从长期来看，组织层面的装备采购非正式过程与行为仍是以自身利益最大化为导向的。所以，在组织层面，装备采购交易主体的非正式过程与行为是很单薄的。下面，我们选取三个维度进行分析。

1. 交易双方之间的信息共享

Claro，Hagelaar和Omta（2003）提出了网络强度的概念。在这里可以借用这个概念来表达与“信息共享”关系规范的交易双方之间的关系特征。在装备采购过程中，对于交易双方而言，关系网络是信息的一个重要来源。关系网络强度可以理解为从与装备交易相联系的关系网络中获得有价值信息的数量。装备交易形成的关系网络通过使交易双方获取某些特定信息，从而降低采购过程中的信息不对称性。在装备采购这样具有很强不确定性的交易环境下，掌握有价值信息会减少机会主义行为的风险。需求方通过交易关系网络获取的承包商的有价值信息，对装备采购进行双方治理具有积极的影响。在装备采购市场的关系网络中，信息强度越高，交易双方在双方治理框架下共同制订计划和共同解决问题的可能性就越大。

信息互惠与共享使装备采购市场组织间的协调更为顺畅。但是，当向另一方披露专有信息或机密信息，即行动上表现为一方信任另一方时，就暴露了自己的脆弱性。在这种情况下，信息的双向流动对信任的建立和维护至关重要。随着时间的推移，它以松散形态的互惠为价值来源。例如，要求承包商提供详尽的研发及生产情况，而需求方并没有透露更多的采购计划。这就会被承包商理解为增强控制的信号。单向的信息流动而引发的信息不对称会给机会主义行为留下较大的空间。

其实，过程和规范只是信息交换的两个不同侧面。正式的信息交换更多体现为一种社会规范；非正式的信息交换更多体现为一种社会过程。Heide 和 John（1992）把信息交换、灵活性、团结性并列为关系规范的三个重要维度，并把信息交换定义为交易双方会主动地提供有用的信息给对方。这是从行为的本质内涵——行为期望的角度来理解信息交换概念的。

2. 交易双方之间的交易往来

在装备采购过程中，组织间的社会交往带有浓厚的产业特色，主要包括非正式的培训、咨询和研讨会等形式。装备属于高技术产品。因此，在装备采购过程中，需求方举办由承包商参加的各种装备需求论证会、研讨会，可以促进装备交易双方对交易中存在的不确定性、技术指标等各方面的信息有一个充分的认识。这样能够促进双方治理框架的顺利建立。承包商可以积极邀请需求方参与自己的技术推广会，对需求方所需装备提供技术可行性分析、技术咨询，并积极参与所售装备的技术培训和售后保障服务，等等。交易双方之间的这些社会交往都会促进装备采购市场双方治理的顺利实现。

3. 交易双方之间的交流沟通

交流沟通与信息交换相类似，既可以理解为过程，也可以理解为规范。在装备采购过程中，正式的和非正式的交流沟通往往是交织在一起的。在后面的分析中会详细探讨，在这里不再赘述。

交易双方在社会关系和交易关系方面的发展过程相互嵌套、彼此关联，发挥着综合性作用。例如，在交流沟通过程中，装备交易主体可以在关系网络中使用“退出威胁”和“话语威胁”保障装备采购交易的顺利实现。

（二）个体层面、组织与个体间的交互嵌入

在治理过程中，交易双方的角色关系和人际关系的交互嵌入过程形成了维护治理框架有效运行的良性循环。在交易双方合作关系的治理中，角色关系和人际关系是互为因果的。这种嵌入机制为关系契约在装备采购过程中的个体层面发挥治理作用奠定了基础。在装备采购的交易环境下，个体层面的心理契约与正式契约是相互影响、互为补充的。与组织层面的结构嵌入性相似，个体层面的结构性嵌入也受到交流沟通、人际交往、人际关系多元化、人际关系密度等社会、心理因素的综合影响。这种嵌入机制为装备采购过程中交易主体之间关系的产生、维护和循环等提供了微观基础和土壤。

（三）装备采购过程中关系规范的治理机理

关系规范通过嵌入机制在组织、个体以及组织与个体之间的这三个层面实现对交易过程的治理。在关系契约自我履行机制的基础上，关系规范发挥着重要的社会治理作用。

1. 影响交易关系行为

概括来说，装备采购市场双方治理的成效依靠关系规范影响交易双方的行为来实现。

第一，关系规范设定了交易双方的行为模式。契约的目的是通过激励和约束交易双方的行为来实现交易。在治理过程中，正式契约可以用明晰的契约条款规定交易双方在装备采购契约持续期内应该采取哪些具体的行为，关系规范形成的关系契约则从非正式的途径激励交易双方遵循特定的行为模式，从而实现装备采购市场的双方治理。

规范是对行为的预期。这种预期被交易双方所共享，以达到完成装备采购的目标。交易双方所共享的关系规范可以形成长期合作的行为预期，从而有利于装备采购目标的实现并促进需求方和承包商长期合作关系的维持。在治理过程中，由于双方治理所形成的规范能够促使交易双方对对方都产生合理的行为预期，以此预测对方在装备采购过程中所表现出的行为，并在这种互动中建立起交易双方之间的信任。对于持续时间长、不确定性因素多的双方治理过程来说，这些可预测性和信任能够为装备采购过程的顺利完成节约大量的时间和资本。

在装备采购市场双方治理框架下，关系规范的一个显著特征是对能够保持需求方和承包商良好合作关系的行为的整体描述。因此，可以归结为对个人目标行为的激励。就其本质而言，关系规范组成了对装备采购过程中防止双方滥用决策权的保障机制。

第二，关系规范通过行为预期营造了稳定的关系氛围。关系氛围是决定装备交易发生环境性质的重要因素。关系氛围决定了双方治理框架的稳定程度，而装备交易正是发生在这种稳定的关系中。稳定性绝大部分是现存规范的结果，这种规范是对规则的扩展、细化和限定。这种规范之所以会存在，是因为经过交易双方大量的互动以后，已经正式成为惯常行为的一部分了。规范的存在导致了相对稳定，且能被交易伙伴所预期的有规律的行为模式。

但是，这些有规律的行为模式并不一定是良好的。实际上诺斯提出的规范，能确保“欺骗”“卸责”等机会主义行为，即现代产业组织中存在的所有问题都得到限制或消除是一种天真的解释。在装备采购过程中，不但需求方和承包商双方之间存在委托代理关系，其实需求方内部也存在委托代理关系，采购所用的经费并不需要任何个人或者采购部门出资。这就使采购的费用不可避免地出现了“公地悲剧”的局面。这说明装备采购过程中存在着一些并不是很好的有规律的行为模式，也就是装备采购费用支出的软约束。

2. 关系规范的具体治理功能

一些学者考察了许多不同的具体关系规范，他们一直认为增加交易中的关系规范能鼓励合作并抑制机会主义行为。在装备采购过程中，学者们提出的灵活性、信息交换和团结性等关系规范对装备交易过程的治理发挥着重要的作用。

从承包商的角度来说，灵活性代表了在充满不确定性的环境中，当某一采购装备存在不利情况时，关系会被作出善意调整的保证。信息交换被定义为交易双方会主动地提供有用信息给对方。那么，信息交换规范就给交易双方提供了一种保障机制。即如果承包商不能按期提供需求方所需的装备或者需求方需要改进采购装备的性能等信息就可以通过信息交换规范使交易双方都对交易中可能出现的风险有一定的预测，从而防止因为信息交互补充不及时导致出现交易破裂的情况。长期导向性也是双方治理过程中很重要的关系规范。装备作为一种研制、生产、销售和使用都具有很强专用性的特殊商品，承包商和需求方保持长期合作关系对双方都有好处。在装备采购过程中形成了长期导向的关系规范，可以反映承包商在长期盈利机会和短期盈利选择之间作出平衡。

总之，关系规范是动态的，互动发展的，会随着交易的发展而不断发展，它在装备采购关系中发挥的功能主要表现在两个方面：一是过程方面，如信息交换、互动参与等；二是规范方面，如灵活性、团结性、长期导向性等。规范运作的核心就是关系的维护。

3. 关系规范与其他控制变量之间的关系

关系规范与双方治理的其他控制变量之间存在密切关系。在装备采购过程中，我们一再强调的资产专用性就是其中的关键变量。专用性资产的存在形成了实施控制的动机，而规范结构的本质提供了获得控制的能力。其实，这恰好反映了关系契约产生的原因在于资产专用性，而关系契约的顺利履行又必须依赖关系规范。在交易规范水平相对较高的情况下，承包商对专用性资产投资的增加会显著地增加自己对需求方采购决策的影响力。在承包商作出交易专用投资并存在关系规范的情形时，“团结性”阻止了承包商作出有害于整体关系的决策。当双方存在信息不对称时，信息交换规范可以使承包商难以利用需求方的劣势。所以，我们认为对承包商的控制、专用性资产和关系规范之间存在积极互动。当所支持的规范结构水平较低时，专用性资产的增加会破坏或妨碍控制；当关系规范水平相对较高时，专用性资产对控制有积极效果。这种互动共同融合在装备采购市场双方治理框架之中。

二、装备采购市场双方治理框架的拓展：过程维度

（一）交易双方合作的起始阶段

1. 建立装备采购关系规范的形成框架

纯市场交易中并不要求存在一个初始过程，因为真正的纯市场交易中，交易方是谁并不十分重要。但是，双方治理框架要求有一个能够开发合作关系的初始阶段。装备采购是建立在严格选择基础上的。因此，在装备采购的开始阶段，不仅包括对承包商能力和资格的正式评估，也包括对承包商态度和价值观等的非正式

评估。因此，在初始阶段，通过关系谈判，正式的讨价还价和非正式的意思表达建立起的关联和互动，为关系规范的内生打下了基础。

在合作的起始阶段，建立承包商和需求方之间关系性交易规范的内生机制也是十分重要的。关系规范的内生主要从行为模式和关系期望两个方面来进行。规范是行为模式的预期。交易双方通过采取规范和建立执行的标准，为将来的交易建立基本规则。一旦交易双方开始合作，就需要建立起合作前不存在的规范，以治理双方将来的交易。关系期望关心的是利益冲突、联合体的发展前景及困难。这些期望可能强化也可能弱化装备采购契约的团结性，对承包商和需求方长期合作关系的治理规范起着重要的指导作用。在装备采购过程中，互惠的期望能鼓励交易双方在持续性的交易中长期合作。当交易伙伴都期望有一种长期合作关系时，他们更愿意承担短期的不利，因为他们对将来有机会补偿当前的让步抱有很大的信心。因此，这样可以增加交易的灵活性，减少谈判成本。

2. 关系规范与关键控制变量“资产专用性”的互动

在装备采购的初始阶段，虽然规范的关系内生及其治理功能已经开始显现，但是资产专用性投资这样的可观察变量还是占据着更主要的地位。这与经济学逻辑主张的资产专用性决定关系契约产生的观点基本吻合。在装备采购的初始阶段，对于合作关系的未来价值还有很大的不确定性，需求方和承包商之间的信任程度还不高，已经作出交易专用性投资的承包商具有一定的脆弱性。装备采购的交易关系可以看作扩展的囚徒困境博弈，当承包商在合作初期进行专用性投资时，这种行为类似于囚徒博弈中的初始合作。这些不可撤销的投资就成为长期合作的强烈信号。因为在初始阶段承诺意愿的可选择信号较少，所以在这个阶段对感知信任的影响比其他任何阶段更强。因此，在关系探索阶段，双向

“投资”的使用与需求方感知承包商信守承诺存在正相关关系。

关系专用投资是一把“双刃剑”。一方面，关系专用性投资增加了装备采购过程中一方对另一方的依赖，降低了交易伙伴采取机会主义行为的动机，从而需要更少的契约承诺；另一方面，作出专用性投资的一方变得更脆弱，非专用性投资方可能会占用专用性投资的准租。投资方需要更多的承诺来保护专用性投资的准租。关系专用性投资创造了依赖性和复杂的契约关系。因此，除非实行合适的保障机制，否则这种专用性投资的运作就会失败，关系规范此时就应运而生。在合作的初始阶段，显性的正式契约的发展功能存在很大的不确定性。一般情况下，在合作的初始阶段，显性契约的使用会对承包商的承诺有破坏作用。

（二）交易双方合作关系维护阶段

合作关系建立以后，关系的维护就成为主旋律。合作关系维护的核心是信守关系承诺。关系承诺是交易双方之间合作关系得以维持的明示或暗示的誓言。在装备采购交易的合作成熟阶段，需求方和承包商之间的相互依赖处于最高阶段。双方通过交易合作获得某种水平的满意度，实际上这就排除了其他能提供相同利益的交易伙伴。当然交易双方并没有停止与可替代的交易方的接洽。但是，在这个阶段他们保持与可替代的交易方的接触时，彼此达到了一个忠诚度并坚持恪守。

交易双方合作关系的维护还要求实施角色专门化、计划、调整、监督、激励和执行六个子过程。

角色专门化是指决策和功能被分配给关系各方的方式。在市场治理中，角色的义务没有特殊的配置。而在双方治理框架中，则要求对长期合作关系中的交易作出专门的角色定位。在装备采购市场双方治理框架下，角色在本质上不仅变得更复杂或更多维，而且与其他交易方的角色结合更加紧密。此时，角色保全的关系规范在角色专门化中发挥着重要作用。装备采购各方在双方治理框架下的角色通过过程嵌入和结构嵌入，相互渗透到彼此的边界中去。这样，关系规范维护了承包商和需求方的角色定位与合作关系的稳定。

关系规范促成承包商和需求方共同制订和执行计划。在市场治理模式下，没有对时间的变化作出清晰的规定。但是在双方治理模式下，需要在事前明确规定好未来的突发事件及关系中相应的义务和责任。首先，它是事先制订出的计划，以区别于离散型交易中没有制订计划或计划具有即时性、回应性的做法。其次，双方治理框架下的计划较科层治理下的计划而言，专用性和完整性更低。在双方治理框架下，计划仅仅被看作参考，不是对义务的严格规定。计划代表的是将来可能或预期要发生的关系调整框架。最后，这个计划是双边行为，是交易双方交换信息并共同参与的行为。

调整过程是关系规范的多元性克服装备交易关系的再谈判成本的过程。在装备采购过程中，交易双方通过共同的协商来实现关系调整和变化。所以从本质上说，调整和适应过程也是双边性质的。从践诺到再许诺，从关系的执行到关系再承诺，需要对关系内容进行调整，而调整会带来再谈判成本。关系规范的重要作用就是减少再谈判成本。

在双方治理过程中，交易双方之间的合作在开发、建立之后的维护，有赖于他们之间合作的实现方法。前面的论述中已经讲到，装备采购的双方治理主要依靠内部执行机制。因为关系契约和关系规范都有自我履行这一共同属性。在装备交易市场双方治理框架下，交易双方的承诺义务的履行和他们之间的合作关系存在两个具体的作用过程：一是在装备采购的合作过程中形成一定的共同价值观。二是对于承包商来说，未来需求方长期订货带来的丰厚回报可作为遵守关系规范的激励，而它本身也可以作为装备采购合作关系的执行机制。当承包商和需求方对彼此之间现行关系的重视程度到达一定水平时，在事实上会生成一种使规范的执行具有灵活性的激励机制。另外，关系规范与资产专用性在关系执行方面也是相互补充的。与交易专用性资产实现更好地共存，不是威胁终止关系或坚持竞争，而是建立在共同利益基础上的关系执行机制。

（三）交易双方合作关系的延续与终止阶段

1. 关系减弱与解体的可能

合作关系终止的可能性一直隐含在装备交易过程中。为了完成一次交易，承包商和需求方的合作关系可能需要在很长时间内持续有效。承包商和需求方之间的误解、冲突和期望改变是不可避免的。这些因素可以为重新考虑交易条款提供理由。在再谈判中，典型的做法是，签订新的补充协议来解决产生的争议问题，而关系契约中涵盖的所有其他条款仍然继续有效。装备交易的长期合作关系通过这种方式得以维护。在这个过程中，在关系循环的最后一个环节，交易主体可能会认为合作关系应该终止了。

2. 交易双方合作关系弱化到解体

在装备采购过程中，如果需求方感到不满意，正考虑终止关系，或者寻找可替代的关系并向承包商表达要终止关系的意图，那么装备交易关系就进入了弱化阶段，可能随之终止。交易双方之间的合作关系进入弱化期的特征表现为信任的缺乏。此时，双方关心的是如何保护自己的投资，以及如何从交易关系中实现个体收益的最大化，关系的整体利益导向弱化，整体利益与个体利益之间的动态均衡出现倾斜。

3. 交易双方合作关系强化与延续

关系维护阶段的最佳期望是经由关系强化与延续进入关系循环。关系循环必须经由关系的制度化实现。一旦承包商与需求方建立起频繁的、持续的交易关系，下一步面临的挑战就是如何保持或增强激励，并提升从关系中获利的水平。制度化就是在交易双方之间发展规范和价值观的过程，允许关系超越特定的个人的行为而存在。当关系被制度化时，将出现三种结果：一是个人关系可能比个人角色关系更重要；二是心理契约代替了正式的法律契约；三是正式的协议成为非正式的谅解和承诺的镜像。如果要想保持长期的合作关系，交易双方就必须保持积极的关注和参与。在装备交易关系强化和持续期间，规范契约和显性契约之间的关系趋向稳定，而且正式契约、显性契约逐渐反映那些非正式的规范契约和心理契约。与此同时，人际关系也脱离了角色期限的约束而得以延伸，装备采购过程中需求方和承包商之间的合作关系逐步走向制度化。

第四节　本章小结

装备采购市场双方治理应该综合考虑经济因素与社会性因素，融合关系契约与嵌入性的分析框架。嵌入性分析框架的引入，深化了装备采购市场治理的研究维度，使治理框架更贴近现实、更具有说服力。

嵌入性分析对装备采购市场双方治理框架的深化体现在三个方面：一是对治理基本分析单位的深化——从交易到关系；二是对治理研究维度的深化。嵌入性分析框架分别从过程维度和结构维度对装备采购的双方治理框架进行了拓展；三是嵌入性对装备采购过程中信任机制的拓展，使装备采购双方治理过程中交易双方之间的信任深深扎根于因交易合作关系而形成的社会土壤之中。

装备采购双方治理过程中嵌入性结构的要素包括信任、承诺、承包商的品牌和资本以及装备采购的转换成本等概念。装备采购双方治理嵌入性的本质是通过交易双方之间长期合作形成的社会网络内生的关系规范的治理。最后，从结构维度和过程维度对治理框架进行了拓展。在结构维度，嵌入性对装备采购双方治理框架的拓展是关系契约通过嵌入关系规范进行治理的。在过程维度，嵌入性对治理框架的拓展体现在三个阶段：交易双方合作的起始阶段——合作关系的开发与探索、交易双方合作关系维护阶段——装备采购关系建立与成熟和交易双方合作关系的延续与终止阶段。

第七章

完善我国装备采购市场契约机制的制度设计

需求方和承包商之间缔结的关系契约既是装备采购市场双方治理的主要载体，也是双方治理的基本框架。在从经济学和嵌入性视角对装备采购双方治理过程进行实证分析的基础上，本章结合我国的具体国情，从制度设计的视角，就如何完善装备采购市场契约机制进行探索和思考，以期为装备采购市场治理实践提供一些有益的借鉴。

第一节　完善装备采购市场契约机制的运行制度体系

一、完善市场主体培育制度

装备采购市场不可能成为一个完全开放的市场。但是，在市场经济条件下，应该保证装备采购市场具有一定的开放度，为装备采购提供更多、更好的市场主体。因此，需要在国内建立一个统一的对所有企业都公平的市场准入制度（旷毓君、吴鸣和曾立，2006）。

（一）统一的承包商准入制度

在装备采购市场双方治理框架下，国家应该建立军地协同的承包商准入制度。实现装备采购市场的有效治理，首先必须保障有一定数量的合格承包商，从我国的具体国情来看，各部门还需要加强协调配合，统筹推进“装备科研生产许可”资格和“装备承制单位”资格的协同，建立统一装备承包商准入制度，规范装备采购市场准入制度，坚定不移走军民协同发展路子，打破对民营企业的准入壁垒，建立条件进入制度，对国内的所有企业一视同仁，让所有企业用实力说话。

（二）有效的承包商择优制度

科学有效的装备研制承包商遴选制度，可以为装备采购提供足够的合格的市场主体，形成成熟的装备采购市场。在此基础上，进一步实现好中选优，建立装备研制生产招标和竞争择优制度，逐渐改变以单一来源采购为主的局面，尤其是对那些需要进行双方治理的装备采购项目。对于这种类型的装备采购，承包商往往因具有更大的市场势力而在双方治理过程中拥有更多的讨价还价能力，从而使需求方在双方发展过程处于被动地位。这时就需要需求方更多地借助国家宏观调控工具，来实现装备采购市场的有效治理，缓解装备采购面临的“涨（价格）、拖（进度）、降（质量）”困境，提高装备采购效率。

（三）严格的承包商退出制度

成熟的装备采购市场不但包括准入制度、择优制度，还应该建立严格的承包商退出制度。让需求方提出的“退出威胁”成为装备采购双方治理中关系规范的一个可置信威胁。一方面，需求方要保持装备采购市场的相对稳定和活力；另一方面，与履约情况好的承包商缔结长期合作的关系型契约，形成稳定的双方治理机制。对于不能很好地履行采购契约的承包商，需求方要及时采取可置信的措施对不履约承包商实施坚决惩罚，让不守约、履约能力不够、机会主义行为倾向严重的承包商及时退出装备采购市场。

二、构建可竞争性装备采购市场制度

20世纪70年代末80年代初，英国、美国等主要发达国家陷入经济“滞胀”，促使理论界对凯恩斯主义全面反思，Baumol等（1992）提出了可竞争性市场的概念。“可竞争市场”（contestable markets）是指一个进出绝对自由且进出成本绝对小的市场。可竞争市场理论以完全可竞争市场及沉淀成本为分析工具，通过在市场上采取“打了就跑”（hit and run）策略的潜在进入威胁来实现潜在的竞争压力，促使垄断市场可以没有超额利润和低效厂商。

可竞争市场理论为装备采购市场的治理提供了一种新的框架和视角。结合前面建立的承包商条件准入制度，我国可以尝试建立可竞争性的装备采购市场，对处于垄断地位的国有军工企业形成可置信的竞争威胁，为装备采购市场的双方治理提供良好市场环境（邹小军、吴鸣和黄娜，2010）。

通过对当前装备采购市场结构下采购契约设计的分析可以看出，在双方都处于垄断地位的装备采购市场中，企业具有一定的自然垄断特征，需求方对于专业化的企业，常常处于被动的地位。从可竞争市场理论视角来看，政府可以通过打破军地界限，畅通装备采购市场的进入和退出机制，培育装备生产的潜在竞争者，来促使现有装备生产企业进行技术创新，控制装备生产成本，从而提高装备采购效率（张红梅等，2011）。

三、建立灵活的谈判协商制度

装备采购市场的双方治理是介于市场治理和科层治理的中间治理模式。装备采购交易过程是一个长期的相互谈判协商的过程。因此，要实现装备采购市场的双方治理，就必须建立灵活的谈判协商制度，为装备采购双方治理提供基本的制度框架。谈判协商制度的灵活性主要体现在既要注重正式契约条款的完善，又要注重非正式契约条款的缔结；既要关注短期利益的实现，又要注重长期利益的回报，实现长期收益与短期收益的均衡。

第二节　健全装备采购市场契约机制的保障制度体系

一、构建装备采购市场治理的法律法规体系

装备采购市场双方治理的良好运行需要完善的法律法规体系为保障。在现行的经济法律体系和国防法律体系的基础上，要结合装备采购的具体实际，完善我国的装备采购法律框架。装备采购法律框架是规范装备采购市场主体、缔约行为和保障契约有效履行的法制法规，这个法律框架应该包括三个层次：一是装备采购的基本法律；二是装备采购的专门法律体系，如《装备科研生产法》《装备采购价格法》《装备质量法》等；三是装备采购法律体系的补充，装备采购法律框架还需要相关的装备采购法律法规作补充。装备采购法律框架是装备采购双方治理灵活框架的指导原

则和法律保障。

（一）制定装备采购的基本法制度体系

装备采购是一项持续时间长、风险性高的交易活动，涉及政府和企业各个方面。因此，为了更好地完成装备采购任务，有必要制定一部规范调整装备采购行为，提高装备采购质量和效率的基本法律。这项基本法律要明确以下四个方面的内容：第一，规定装备采购的基本目标、指导思想、基本原则和应当遵循的基本程序；第二，明确政府、企业和个人在装备采购过程中的权利、责任与义务；第三，明确装备采购的基本方式；第四，规范提高装备采购质量和效率的政策措施。

（二）制定和完善装备采购的专门法律制度体系

要搞好装备采购工作除制定装备采购的基本法律框架外，还要针对装备采购的具体特点，制定装备采购的专门法律体系。例如，美国不但制订了《联邦采购法》等基本法律规范，还针对装备采购的程序、质量、进度控制、价格与成本控制的具体问题制定了专门法律规范。因此，要发挥装备采购双方治理中的灵活性效果，就必须在装备采购过程的关键环节和核心组成部分建立法律规范，构建装备采购灵活性发挥的基本框架。

（三）制定和完善装备采购的相关法律制度体系

装备采购是根植于现实社会环境之中，因此装备采购不可避免地与其他经济活动发生联系。所以，还需要建立装备采购与其他相关经济社会活动相关的法律体系来规范装备采购过程中的交互行为，为装备采购的嵌入性机制提供法律保障。

总之，装备采购双方治理的灵活性是建立在完善的法律法规体系基础之上的。完善的装备采购法律体系为装备采购双方治理框架的搭建提供了法律依据和行为准则。

二、建立统一的装备采购契约管理机构

建立权责明晰、相对独立的契约管理机构是保障装备采购双方治理框架良好运行的组织基础，也是提高装备采购效率的重要途径。具体来说就是：第一，实现契约管理和契约订立的相对分开，有利于相互制衡、相互监督，防止各种机会主义行为；第二，成立装备采购契约纠纷仲裁机构，为装备采购双方治理过程中契约的履行和调整保驾护航。

三、搭建及时准确的信息共享机制和平台

建立装备采购过程中的信息共享机制，是装备采购市场治理的重要方面。在装备采购市场治理过程中，应该从以下几个方面构建装备采购市场信息共享机制：

（一）搭建装备采购市场信息共享平台

在装备采购双方治理过程中，在关系契约和嵌入性整合的框架下，充分利用现代信息技术，搭建采购双方治理的信息共享载体，成立一个专门的装备采购数据中心，建立装备采购的数据库，实现装备采购信息在交易双方之间的共享。为了更好地实现信息发布和共享，建议进一步整合优化装备采购信息网和国家军民协同公共服务平台功能，实现更加高效集约信息共享和发布平台功能，为装备采购市场治理提供信息支撑。

（二）畅通装备采购过程中信息共享的途径

以装备采购双方治理过程中的谈判协商制度为基础，建立装备采购过程中信息共享的正式和非正式途径。例如，建立定期的信息发布制度、举办承包商和需求方之间的定期或不定期的交流会，

以及实现装备采购过程中各级组织和个体之间正式和非正式的信息共享。信息共享在发挥灵活性原则的同时，必须坚持保密性原则。

（三）完善装备采购过程中信任共享的保障

装备采购信息共享的保障机制主要可以从物质和非物质两个方面来建立。装备采购过程中信息共享的物质保障主要是指要为装备采购信息共享提供必要的资金和物资保障。非物质保障主要是指要从制度或法律层面对有效的信息共享机制加以固定，形成长久的信息共享制度。

四、培育诚实守信的履约文化环境

文化，尤其是信任文化在装备采购过程中发挥着极其重要的作用。它既是契约缔结的重要基础，也是装备采购嵌入性结构的重要前提。因此，在装备采购市场双方治理的过程中，要积极努力培育诚信为主要理念的采购文化体系。

（一）提高对诚信文化的认识

提高对诚信履约文化的认识是培育装备采购诚信文化体系的基础。因此，应该加强交易双方对诚信文化的形成与作用规律、诚信文化培育长期性的认识。发挥诚信文化体系在装备采购市场双方治理中的作用。

（二）培育装备采购诚信文化的关键

在正确认识诚信文化体系长期性的基础上，最迫切的是要着力解决装备采购诚信文化体系建设的方法性问题，这是培育装备采购诚信文化体系的关键。具体来说，应该从准确把握装备采购诚信文化的现态、科学制定装备采购诚信文化制度建设的目标、正确拟定装备采购诚信文化制度培育的任务和正确选择装备采购诚信文化制度的途径来展开。

（三）培育装备采购诚信文化的举措

培育装备采购文化体系的具体举措可以从宏观、中观、微观三个层面展开。在宏观层面，就是要在全社会形成以社会主义核心价值观为主要内容的良好社会氛围。在中观层面，主要是在需求方和企业各级组织之间形成一种诚信的文化自觉。在微观层面，在具体的装备采购过程中建立诚信文化的奖惩机制，运用经济、法律、行政的手段来促进装备采购诚信文化制度的建立。

第三节　构建装备采购市场契约机制的评价制度体系

一、承包商评价制度

（一）承包商的声誉评价制度

承包商的声誉评价是装备采购市场双方治理的重要环节，也是比较困难的环节。通过声誉评价在装备采购市场形成基于能力装备承包商选择氛围（王湛，2019）。在装备采购的过程中，结合承包商的特点，构建科学的承包商声誉评价指标、公开透明的声誉评价程序、权威可信的声誉评价结果，承包商声誉评价体系没有统一的标准，不同类型的项目承包商的声誉评价标准不同。

（二）承包商履约能力评价体系

承包商履约能力评价体系是衡量承包商履约能力，决定是否与承包商保持合作关系的重要指标；也是激励承包商提高创新能力、增强核心竞争能力、高质量履行装备采购契约的重要途径。在关系契约框架下，承包商履约能力评价体系给承包商提供了一个公平竞争、靠实力说话的信号机制。

二、交易双方合作关系评价制度

从嵌入性的视角来看，装备采购市场的治理框架其实是一种关系治理框架。因此，保持需求方和承包商之间的良好合作关系，是装备采购市场治理的重要方面。在装备采购过程中，交易双方能够保持良好的合作关系，形成基本的信任机制，对于装备采购市场双方治理来说十分有利。

第四节　本章小结

本章以装备采购市场的契约机制为主线，从关系契约和嵌入性的视角分析了装备采购市场治理框架的实现、保障和评价三个方面，探讨了装备采购市场契约机制的评价制度体系的完善问题，希望能为我国装备采购制度改革实践提供一定的参考。

第八章

结论与展望

第一节　主要结论

装备采购是市场经济条件下获取装备、提高部队战斗力的重要途径。加强和深化装备采购研究具有重要的理论和现实意义。本书秉承威廉姆森交易属性与治理机制相匹配的思想，以装备采购市场治理的契约机制为切入点，运用新制度经济学、新经济社会学、管理学等的最新研究成果对装备采购市场治理的关系契约框架进行了初步的理论探讨，得出如下结论：

一、契约是市场经济条件下装备采购市场治理的基本工具

任何交易都需要契约进行治理。任何交易都需要某种形式的契约来规范、激励和治理。不管这种契约是显式的，还是隐式的；是他执行的，还是自执行的；是短期的，还是长期的。契约为交易的实现，尤其是复杂交易的实现提供了激励框架和保障机制。在市场经济条件下，契约成为装备采购治理最根本的工具之一。

二、关系契约是装备采购市场治理的基本契约机制

关系契约是基于未来关系价值的一系列非正式的协议。本书从理论上论证了装备采购过程中交易双方之间关系契约的存在性。关系契约的目标不是试图希望在事前通过明确完整的交易条款来阻止所有潜在的机会主义行为，而是希望在契约存续期间围绕价格、进度、质量等问题进行周期性的再协商而界定出一个一般过程。这种契约的优势在于"它并不试图对每一项可能发生的事件做出探索或规定，这类协议比有诉讼权契约更容易起草，但是同时，在面临情势变化时又保持着灵活性"。关系契约为装备采购市场治理提供了基本的契约框架。

三、关系契约是与装备采购交易属性相匹配的治理框架

装备采购过程具有专用性投资大、不确定性大和交易频率高等基本交易属性。这些交易属性决定了适合装备采购过程的框架是双方治理。在双方治理框架下，构建了基于贝叶斯动态学习模型的装备价格治理机制、基于抵押模型的装备采购进度治理机制和基于声誉模型的装备采购质量治理机制。

在治理过程中，将贝叶斯动态学习模型引入装备交易的博弈过程，研究在序贯博弈机制下，交易双方如何通过修正对对方保留价格的认识，来采取更有效的报价策略。通过贝叶斯学习，需求方能够实现更低的交易价格，从分析来看，可能会增加博弈的次数；通过贝叶斯学习，可以得到更高的共有效用。借鉴威廉姆森提出的抵押模型思想，在装备采购双方治理框架下，通过构建一个影响承包商行为的抵押等价物，对于缓解装备采购进度的拖延，

缩短采购周期，具有一定的积极作用。对于装备采购这种持续周期较长、发生频率比较高的特殊交易，未来合作关系的长期租金可以足够支撑承包商的声誉效应。因此，在装备采购过程中，需求方要积极利用声誉效应这种非正式协议工具来强化对装备质量的控制，尽量减少交付的装备质量性能指标下降的现象。理论分析表明，以这三种具体契约机制为主要内容的装备采购双方治理框架对提高装备采购效率、缓解装备采购面临的“涨(价格)、拖(进度)、降(质量)”困境具有积极作用。

四、信任机制在装备采购市场双方治理框架运行中发挥着积极作用

交易的完成离不开信任。在涉及大量专用性投资的装备交易中，双方的相互信任就显得更加重要。装备采购过程中的信任是交易双方基于风险和相互依赖前提下，一方相信另一方有意愿并且有能力去履行契约条款，同时任何一方不会利用对方的弱点去谋取私利。在涉及大量专用性投资、存在较大不确定性的装备采购过程中，信任是交易双方之间的彼此信赖，是装备采购得以顺利实现的重要现实基础。

在装备采购过程中，交易双方之间的信任关系大致可以分为基于算计的信任、基于制度的信任、基于共识的信任等。装备采购的双方治理必须面对不确定性和信息不对称的障碍。在这样复杂的治理环境下，信任机制就成为装备采购双方治理的关键。相互信任能比事先预测、依靠权威或进行谈判等手段更快、更有效地减少双方治理过程中的信息不对称和不确定性，提高治理的绩效。

本书构建了一个综合解析模型分析了装备采购过程中信任的产生机制。这个综合模型的逻辑基础是双方治理的长期合作导向性。综合解析模型证明了信任的长期合作导向性，能够建立交易双方

信任关系的条件也正是面向未来的重复博弈。因此，交易双方之间信任机制建立的可能性就为装备采购市场的双方治理提供了现实基础。

五、嵌入性视角可以使装备采购市场双方治理框架更具解释力

本书通过嵌入性分析框架的引入，深化了装备采购市场治理的研究维度，使该框架更贴近现实，更具说服力。嵌入性分析对双方治理框架的深化体现在三个方面：一是对基本分析单位的深化——从交易到关系；二是对研究维度的深化，嵌入性分析框架分别从过程的维度和结构的维度对该框架进行了拓展；三是嵌入性对装备采购过程中信任机制的拓展。装备采购双方治理过程中嵌入性结构的要素包括信任、承诺、承包商的品牌和资本以及装备采购的转换成本等概念。装备采购双方治理嵌入性的本质是通过关系规范的治理。对这种嵌入性机制研究是从过程和结构的维度展开的。

第二节　研究展望

装备采购是一个充满活力且不断面临新问题的研究领域。本书秉承威廉姆森的交易治理理念，从关系契约和嵌入性融合的视角对装备采购市场的契约机制框架进行了一些初步的尝试，虽然有较大的收获，但是由于受自身能力的限制和装备采购过程的特殊性，本书还存在一定不足，需要进一步深入研究。笔者认为，后续的研究可以从以下几个方面来展开：一是收集关于契约治理的

各种数据，进行更加具有说服力的数据检验分析，增强研究说服力。二是运用基于 Agent 的计算经济学等新的经济学分析框架对装备采购这类难以收集到准确数据的交易过程进行仿真实验研究，增强研究的科学性。

参考文献

［1］ Al-Najjar, Nabil I. Incomplete Contracts and the Governance of Complex Contractual Relationships ［J］. American Economic Review, 1995, 85 (2): 432-436.

［2］ Anderson E, Weitz B. Determinants of Continuity in Conventional Industrial Channel Dyads ［J］. Marketing Science, 1989, 8 (4): 310-323.

［3］ Anderson E, Weitz B. The Use of Pledges to Build and Sustain Commitment in Distribution Channels ［J］. Journal of Marketing Research, 1992, 29 (1): 18-34.

［4］ Baker G, Gibbons R, Murphy K J. Bringing the Market inside the Firm? ［J］. The American Economic Review, 2001, 91 (2): 212-218.

［5］ Baker G, Gibbons R, Murphy K J. Relational Contracts and the Theory of the Firm ［J］. The Quarterly Journal of Economics, 2002, 117 (1): 39-84.

［6］ Barber B. All Economies Are "Embedded": The Career of a Concept and Beyond ［J］. Social Research, 1995, 62 (2): 387-413.

［7］ Baumol W J, Panzar J C, Willing R D. Contestable Markets and the Theory of Industrial ［M］. New York: Harcourt Brace Jovanovich, Inc, 1982.

［8］ Carden R, Leach S E, Simth J S. A Market Reaction to DOD

Contract Delay—Does the Market Reward Poor Performance [J]. Review of Financial Economics, 2008, 17 (1): 33-45.

[9] Carl S. Premiums for High Quality Products as Returns to Reputations [J]. The Quarterly Journal of Economics, 1983, 98 (4): 659-679.

[10] Claro D P, Hagelaar G, Omta O. The Determinants of Relational Governance and Performance: How to Manage Business Relationships? [J]. Industrial Marketing Management, 2003, 32 (8): 703-716.

[11] Coase R H. The Nature of Firm [J]. Economica, 1937, 4 (16): 386-405.

[12] Coote L V, Forrest E J, Tam T W. An Investigation into Commitment in Non-Western Industrial Marketing Relationships [J]. Industrial Marketing Management, 2003, 32 (7): 595-604.

[13] Crocker K J, Masten S E. Pretia ex Machina? Prices and Process in Long-Term Contracts [J]. Journal of Law & Economics, 1991, 34 (1): 64-99.

[14] Das T K, Teng B S. Risk Types and Inter-Firm Alliance Structure [J]. Journal of Management Studies, 1996, 33 (6): 837-843.

[15] Deutsch M. Trust and Suspicion [J]. The Journal of Conflict Resolution, 1958 (2): 265-279. 转引自：翟学伟. 西方人际信任研究的路径与困境 [J]. 南京大学学报（哲学·人文科学·社会科学版），2009 (2): 127-134.

[16] Doney P M, Cannon J P. An Examination of the Nature of Trust in Buyer-Seller Relationships [J]. Journal of Marketing, 1997, 61 (2): 35-51.

[17] Doney P M, Cannon J P, Mullen M R. Understanding the

Influence of National Culture on the Development of Trust [J]. Academy of Management Review, 1998, 23 (3): 601-620.

[18] Dyer, Jeffrey H, Singh, Harbir. The Relational View: Cooperative Strategy and Source of Interorganizational Competitive Advantage [J]. Academy of Management Review, 1998, 23 (4): 660-679.

[19] Eisenstadt S N. Max Weber on Charisma and Institution on Building: Seleeted Writtings [M]. Chicago: The University of Chicago Press, 1968.

[20] Ergas H, Menezes F. The Economics of Buying Complex Weapons [J]. Agenda - A Journal of Policy Analysis and Reform, 2004, 11 (3): 247-264.

[21] Furubotn E, Richter R, Lozano J. Institutions and Economic Theory: The Contribution of the New Institutional Economics [M]. Ann Arbor, Michigan: University of Michigan Press, 1998.

[22] Ganesan S. Determinants of Long-Term Orientation in Buyer-Seller Relationships [J]. Journal of Marketing, 1994, 58 (2): 1-19.

[23] Hart O D, Jean T. Contract Renegotiation and Coasian Dynamics [J]. The Review of Economic Studies, 1988, 55 (4): 509-540.

[24] Hart Oliver, Tirole J. Contract Renegotiation and Coasian Dynamics [J]. Review of Economic Studies, 1988 (55): 509-540.

[25] Heide J B, John G. Do Norms Matter in Marketing Relationships [J]. Journal of Marketing, 1992, 56 (5): 32-44.

[26] Inglehart R. Modernization and Postmodernization: Cultural, Economic, and Political Change in 43 Societies [M]. Princeton: Princeton University Press, 1997.

[27] Inkpen A C, Currall S C. The Coevolution of Trust Control and Learning in Joint Ventures [J]. Organization Science, 2004, 15

(5): 586.

[28] Jap S D, Ganesan S. Control Mechanisms and the Relationship Life Cycle: Implications for Safeguarding Specific Investments and Developing Commitment [J]. Journal of Marketing Research, 2000, 37 (2): 227-245.

[29] Kalai E, Lehrer E. Relational Learning Leads to Nash Equilibrium [J]. Econometrica, 1993, 61 (5): 1019-1045.

[30] Klein B, Leffer K B. The Role of Market Forces in Assuring Contractual Performance [J]. The Journal of Political Economy, 1981, 89 (4): 615-641.

[31] Kreps D. Game Theory and Economic Modelling [M]. Oxford: Oxford University Press, 1990.

[32] Kreps D, Milgrom P, Roberts J, Wilson R. Rational Cooperation in the Finitely Repeated Prisoners Dilemma [J]. Journal of Economic Theory, 1982 (27): 245-252.

[33] Laffont J J, Tirole. Using Cost Observation to Regulate Firms [J]. Journal of Political Economy, 1986 (94): 614-641.

[34] Larsson R. The Handshake between Invisible and Visible Hands: Toward a Tripolar Institutional Framework [J]. International Studies of Management & Organization, 1993, 23 (1) : 87-106.

[35] Leitzel J, Tirde J. Incentives in Defense Procurement [M]. Bouler: Westview Press, 1993.

[36] Lewis J, Weigert A. Trust as a Social Reality [J]. Social Forces, 1985, 63 (4): 967-985.

[37] Long N V, Staehler F. A Contest Model of Liberalizing Government Procurement [J]. European Journal of Political Economy, 2009, 25 (4): 479-488.

[38] Luhmann N. Trust and Power [M]. New York: John Wiley

and Sons. Inc., 1979.

[39] Lusch R F, Brown J R. Interdependency, Contracting, and Relational Behavior in Marketing Channels [J]. Journal of Marketing, 1996, 60 (4): 19-38.

[40] Macaulay S. Non - Contractual Relations in Business A Preliminary Study [J]. American Sociological Review, 1963, 28 (1): 55-67.

[41] Macneil I R. The Many Futures of Contracts [J]. Southern California Law Review, 1974 (47): 691-816.

[42] Mahoney J T. The Choice of Organizational Form: Vertical Financial Ownership versus Other Methods of Vertical Integration [J]. Strategic Management Journal, 1992, 13 (8): 559-584.

[43] Morgan R M, Hunt S D. The Commitment-Trust Theory of Relationship Marketing [J]. Journal of Marketing, 1994, 58 (3): 20-38.

[44] Oudot J M. The Renegotiation of Defense Procurement Contracts: The Role of Informal Aspects [J]. Innovations, 2013, 42 (3): 59-83.

[45] Parker D, Hartley K. The Economics of Partnership Sourcing versus Adversarial Competition: A Critique [J]. European Journal of Purchasing & Supply Management, 1997, 3 (2): 115-125.

[46] Polanyi K. The Economy as Instituted Process [C] // Granovetter M, Swedberg R, et al. The Sociology of Economic Life. Boulder: Westview Press, 1992.

[47] Powell W. Neither Market nor Hierarchy: Network Formsof Organization [J]. Research in Organizational Behavior, 1990 (12): 295-336.

[48] Ray D. The Time Structure of Self - enforcing Agreements

[J]. Econometrica, 2002, 70 (2): 547-582.

[49] Reichelstein S. Constructing Incentive Schemes for Government Contracts: An Application of Agency Theory [J]. The Accounting Review, 1992, 67 (4): 712-731.

[50] Schelling T C. Tke Strategy of Conflict [M]. Cambridge: Harvard University Press, 1960.

[51] Schinasi K V. DOD Acquisition Outcomes: A Case for Change [J]. Government Accountability Office Reports, 2005, 79 (50): 45-55.

[52] Shapiro C. Premiums for High Quality Products as Returns to Reputation [J]. Quarterly journal of economics, 1983 (98) : 659-680.

[53] Skao M, Helper S. Determinants of Trust in Supplier Relations: Evidence from the Automotive Industry in Japan and the United States [J]. Journal of Economic Behavior & Organization, 1998, 34 (3): 387-417.

[54] Skinner S J, Guiltinan J P. Perceptions of Channel Control [J]. Journal of Retailing, 1985, 61 (4): 65-88.

[55] Swedberg R, Granovetter M. Introduction [C] // Granovetter M, Swedberg R, et al. The Sociology of Economic Life. Boulder: Westview Press, 1992.

[56] Uzzi B. Social Structure and Competition in Interfirm Networks: the Paradox of Embeddedness [J]. Administrative Science Quarterly, 1997, 42 (1): 35-67.

[57] Uzzi B. The Source and Consequences of Embeddedness for Economic Performance of Organizations: The Network Effect [J]. American Sociological Review, 1996, 61 (4): 674-698.

[58] William E. Kovacic. Commitment in Regulation: Defense Contracting and Extensions to Price Caps [J]. Journal of Regulatory

Economics, 1991 (3): 219-240.

[59] Williamson O E. Comparative Economic Organization: The Analysis of Discrete Structural Alternatives [J]. Administrative Science Quarterly, 1991, 36 (2): 269-296.

[60] Williamson O E. The Economic Institutions of Capitalism: Firms, Markets, Relational Contracting [M]. New York: The Free Press, 1985.

[61] Williamson O E. Transaction Cost Economics: The Governance of Contractual Relations [J]. Journal of Law & Economics, 1979, 22 (2): 233-261.

[62] Womer N K, Teerssawa K. The Effect of Defense Program Uncertainty on Cost, Schedule and Capital Investment [J]. The Journal of Productitivity Analysis, 1989 (1): 193-228.

[63] Zaheer A, Venkatraman N. Relational Governance as an Interorganizational Strategy: An Empirical Test of Trust in Economic Exchange [J]. Strategic Management Journal, 1995, 16 (5): 373-392.

[64] Zeng D J, Sycara K. Bayesian Learning in Negotiation [J]. International Journal of Human-Computer Studies, 1998, 48 (1): 125-141.

[65] Zukin S, Dimaggio P J. Structures of Capital: The Social Organization of Economy [M]. Cambridge: Cambridge University Press, 1990.

[66] 白凤凯，战竹杰. 英国装备采办技术管理研究 [J]. 装备指挥技术学院学报，2010，21 (10)：28-32.

[67] 白海威，王伟，夏旭. 装备采购合同管理研究 [J]. 装备指挥技术学院学报，2005 (2)：6-10.

[68] 陈国富. 契约的演进与制度变迁 [M]. 北京：经济科学

出版社，2002.

［69］丛姗，王羽，樊友剑. 我军装备采办合同定价的历史沿革及现状评析［J］. 军事经济学院学报，2005，12（1）：34-36.

［70］杜为公，曾和军，崔英杰. 装备采购线性合同优化研究［J］. 现代防御技术，2006（3）：14-18.

［71］付毅飞. 国防科工委副主任于宗林提出五方面重点工作，推动民用企业参与国防建设［N］. 科技日报，2004-04-02.

［72］高懿德. 契约观念的历史维度［J］. 东岳论丛，2002（7）：123-126.

［73］［古希腊］亚里士多德. 政治学［M］. 陈虹秀，译. 北京：台海出版社，2016：18.

［74］顾昕. “健康中国”战略中基本卫生保健的发展治理创新［J］. 中国社会科学，2019（12）：121-138.

［75］郭红东. 农业龙头企业与农户订单安排及履约机制研究：基于企业与农户行为的分析［D］. 浙江大学博士学位论文，2005.

［76］果增明，曾维荣，丁德科，等. 装备经济学［M］. 北京：中国统计出版社，2006.

［77］侯国江，曲炜. 装备采购中线性激励合同的理论研究［J］. 装备指挥技术学院学报，2007（4）：18-22.

［78］吉礼超，宗万勇. 装备采购合同履行存在的问题及监督建议［J］. 质量与可靠性，2019（5）：54-56.

［79］姜鲁鸣，王树东. 现代国防经济学［M］. 北京：中国财政经济出版社，2007.

［80］焦秋光. 军事装备管理学［M］. 北京：军事科学出版社，2003.

［81］柯武钢，史漫飞. 制度经济学［M］. 北京：商务印书馆，2001.

［82］旷毓君，吴鸣，曾立. 关于建立我国国防承包商市场准入

制度的思考［J］. 装备指挥技术学院学报，2006（4）：21-24.

［83］兰建平，苗文斌. 嵌入性理论研究综述［J］. 技术经济，2009，28（1）：104-108.

［84］李佳路. 中国电子科技集团公司成立［N］. 人民日报，2002-03-02.

［85］李晓谦，张志峰，宋延平，等. 基于风险分担的装备采办模型研究［J］. 系统工程与电子技术，2009，31（8）：1927-1929.

［86］李晓松，蔡文军，刘舒莳. 试验装备采购风险评估研究［J］. 装备指挥技术学院学报，2010，21（3）：42-45.

［87］连建辉，赵林. 企业性质重探——合作剩余和分配的市场性关系契约［J］. 当代经济研究，2004（1）：56-62.

［88］梁新，张怀强. 现行装备采购定价模式中的棘轮效应研究［J］. 武汉理工大学学报（信息与工程管理版），2011，33（3）：469-471.

［89］林竞君. 网络、社会资本与集群生命周期研究：一个新经济社会学的视角［M］. 上海：上海人民出版社，2005.

［90］刘彬. 军事装备采购领域相关词义辨析［J］. 国防技术基础，2008（5）：39-41.

［91］刘东，徐忠爱. 关系契约的特殊类型：超市场契约［J］. 经济理论与经济管理，2004（1）：56-59.

［92］刘飘楚. 三十年装备采购制度的回顾与反思［J］. 装备学院学报，2013（3）：57-61.

［93］刘清华. 企业网络中关系性交易发展机制及其影响研究［D］. 浙江大学博士学位论文，2003.

［94］卢现祥. 西方新制度经济学［M］. 北京：中国发展出版社，2003.

［95］卢周来. 现代国防经济学教程［M］. 北京：石油工业出版社，2006.

［96］洛刚，王作涪，孙涛．关于建立装备试验质量管理体系问题探讨［J］．装备指挥技术学院学报，2007（1）：16-19．

［97］［美］埃里克·弗鲁博顿，［德］鲁道夫·芮切特．新制度经济学：一个交易成本分析范式［M］．姜建强，罗长远，译．上海：上海三联书店，上海人民出版社，2006．

［98］［美］奥利弗·E．威廉姆森．治理机制［M］．王健，方世建，等译．北京：中国社会科学出版社，2001：394．

［99］［美］奥利弗·E．威廉姆森．资本主义经济制度：论企业签约与市场签约［M］．段毅才，王伟，译．北京：商务印书馆，2002．

［100］［美］大卫·S．索伦森．国防采办的过程与政治［M］．陈波，王沙骋，译．北京：经济科学出版社，2013．

［101］［美］弗朗西斯·福山．信任：社会美德与创造经济繁荣［M］．彭志华，译．海口：海南出版社，1995．

［102］［美］加布里埃尔·A．阿尔蒙德，西德尼·维伯．公民文化：五个国家的政治态度和民主制［M］．徐湘林，译．北京：华夏出版社，1989．

［103］［美］康芒斯．制度经济学［M］．赵睿，译．北京：华夏出版社，1934．

［104］［美］科斯，［美］阿尔钦，［美］诺斯，等．财产权利与制度变迁［C］．刘守英，译．上海：上海人民出版社，1994．

［105］［美］麦克尼尔．新社会契约论［M］．雷喜宁，潘勤，译．北京：中国政法大学出版社，2004．

［106］［美］诺斯．制度、制度变迁与制度绩效［M］．上海：三联书店，1994．

［107］［美］帕特里克·博尔顿，［比］马赛厄斯·德瓦特里庞．合同理论［M］．费方域，等译．上海：格致出版社，上海人民出版社，2008．

［108］［美］威廉姆森，［美］斯科特·马斯滕. 交易成本经济学［M］. 北京：人民出版社，2008.

［109］［美］约翰·克劳奈维根. 交易成本经济学及其超越［C］//［美］尼尔斯·G. 努德海文. 交易成本经济学中的机会主义与信任. 朱舟，黄瑞虹，译，上海：上海财经大学出版社，2002.

［110］年福纯. 装备采办人才队伍建设研究［M］. 北京：军事科学出版社，2006.

［111］聂辉华. 声誉、契约与组织［M］. 北京：中国人民大学出版社，2009.

［112］欧灿，李建文. 全面开创武器装备建设新局面，为实现建军一百年奋斗目标作出积极贡献［N］. 解放军报，2021-10-27（01）.

［113］皮建才. 节约型社会的经济学含义［N］. 人民日报，2004-10-08（014）.

［114］钱海皓. 装备学教程［M］. 北京：军事科学出版社，2000.

［115］［日］青木昌彦. 比较制度分析［M］. 上海：远东出版社，2001.

［116］［瑞典］拉斯·沃因，［瑞典］汉斯·韦坎德. 契约经济学［M］. 李风圣，译. 北京：经济科学出版社，1999.

［117］孙兆斌，金从海，彭雷. 武器装备采购中的博弈分析［J］. 军事经济研究，2011（3）：26-28.

［118］孙智英. 信用问题的经济学分析［M］. 北京：中国城市出版社，2002.

［119］谭忠富，柏慧，李莉，等. 电力用户从发电商购电中定价的双边贝叶斯动态学习模型［J］. 华东电力，2009，37（3）：384-388.

［120］王安宇，司春林，骆品亮. 研发外包中的关系契约

[J]. 科研管理，2006，27（6）：103-107.

[121] 王春光，翟源景，仵宇飞. 美军装备采办救济制度的启示 [J]. 国防科技工业，2011（7）：59-61.

[122] 王颖. 渠道关系治理研究——基于关系契约与信任的整合分析 [D]. 上海交通大学博士学位论文，2007.

[123] 王湛. 推进军队装备采购制度改革的建议 [J]. 中国政府采购，2019（5）：66-70.

[124] 魏刚，艾克武. 武器装备采办合同管理导论 [M]. 北京：国防工业出版社，2005.

[125] 魏刚. 武器装备采办合同理论研究与实证分析 [M]. 北京：国防大学出版社，2003.

[126] 文金艳，曾德明，赵胜超. 标准联盟网络资源禀赋、结构嵌入性与企业新产品开发绩效 [J]. 研究与发展管理，2020（2）：113-122.

[127] 闻晓歌. 装备采购制度变迁探析 [J]. 军事经济学院学报，2011，18（2）：62-65.

[128] 吴伟伟. 装备采购市场竞争与采购中的逆向竞价浅议 [J]. 中国军转民，2019（8）：50-52.

[129] 吴一平. 组织激励、契约设计与经济效率：激励理论在转轨时期产业组织分析中的应用 [D]. 上海财经大学博士学位论文，2006.

[130] 谢小红，王江为，等. 完善我军装备采购竞争机制应把握几个重点 [J]. 军事经济学院学报，2011，18（3）：69-70.

[131] 许高峰. 基于竞争性谈判的军事装备采购机制和方法研究 [D]. 天津大学博士学位论文，2004.

[132] 薛亚波，杨金晖. 法国装备总署的机构改革与政策调整 [J]. 国防科技工业，2011（7）：62-64.

[133] 杨媛媛，郑绍钰，姜晓峰. 关于我国装备采购招标的

几点建议［J］. 装备指挥技术学院学报，2003，14（6）：5-8.

［134］［英］波兰尼. 大转型：我们时代的政治与经济起源［M］. 刘阳，冯钢，译. 杭州：浙江人民出版社，2007：5.

［135］余高达，赵潞生. 军事装备学［M］. 北京：国防大学出版社，2000.

［136］张红梅，张松，张敏芳，等. 基于性能的装备采购合同商选择研究［J］. 装甲兵工程学院学报，2011，25（2）：23-26.

［137］张鸿. 国际贸易、契约安排与交易博弈［D］. 西南财经大学博士学位论文，2006.

［138］张维迎. 法律制度的信誉基础［J］. 经济研究，2002（1）：3-13.

［139］张五常. 佃农理论：应用于亚洲的农业和台湾的土地改革［M］. 易宪容，译. 北京：商务印书馆，2000.

［140］张喜征. 虚拟企业信任机制研究［D］. 中南大学博士学位论文，2003.

［141］张霞，白海威. 装备采购合同属性问题探讨［J］. 装备指挥技术学院学报，2002（5）.

［142］赵蓓. 嵌入性与产业群竞争力：理论研究与分析框架［J］. 东南学术，2004（6）：138-145.

［143］朱松山，唐大德. 武器装备经济基本理论［M］. 北京：国防工业出版社，2002.

［144］邹小军，吴鸣，黄娜. 可竞争性装备采购市场的契约设计［J］. 军事经济研究，2010（2）：41-43.

后　记

《装备采购市场契约机制研究》是在笔者博士学位论文——《武器装备采购市场双方治理研究》的基础上修改完成的。近年来，虽然学术界关于装备采购市场的研究也出了一批有影响力的成果，但从现实来看，本书所探讨的问题依然不同程度地存在。因此，笔者在借鉴学术界最新研究成果的基础上，对原论文进行了修改，进一步充实和完善了研究内容，希望能对装备采购市场的治理进行一些有益的探索。

本书在写作和出版过程中，得到了我的博士生导师吴鸣教授、国防科技大学军政基础教育学院马克思主义理论系董晓辉主任、李湘黔教授，已经退休的张伟超教授、何正斌教授等一批专家的指导和帮助，也得到了国防科技大学军政基础教育学院马克思主义理论系同事们的关心和帮助，在此向他们表示衷心的感谢和最崇高的敬意。图书的出版离不开出版社的大力支持，尤其是感谢王光艳编辑不断的鼓励和高效的专业指导。

由于我的能力和工作水平有限，关于装备采购市场契约机制的研究还不够深入，尤其是结合具体实践案例不够多，书中难免存在错误和不足之处，恳请广大读者和从事装备采购研究与实务工作的同志们批评指正。

邹小军

2022 年 11 月